Anjums
INDISCHE
KÜCHE

ANJUM ANAND

Anjums

INDISCHE KÜCHE

Edition
Fackelträger

Dieses Buch ist für alle gedacht, die in der hektischen Zeit der Moderne, die sich eher an der Convenience orientiert, gerne selbst zu Hause kochen.

Chefredaktion Anne Furniss

Kreativdirektion Helen Lewis

Redaktion Lucy Bannell

Design Lucy Gowans

Fotografie Lisa Linder

Requisite/Styling Tabitha Hawkins und Wei Tang

Haushaltsökonom Joss Herd

© der englischen Originalausgabe 2014

Quadrille Publishing Limited
Pentagon House
52–54 Southwark Street
London SE1 1UN
www.quadrille.co.uk

Text © Anjum Anand 2014

© der deutschsprachigen Ausgabe 2015

Fackelträger Verlag GmbH, Köln
Emil-Hoffmann-Str. 1
50997 Köln

Übersetzung aus dem Englischen: Maria Evans-von Krbek für mcp concept

Lektorat: Susanne Kraus, Oliver Maute, mcp concept

Satz: mcp concept, Kolbermoor

Projektleitung: Svenja K. Sammet

Gesamtherstellung: Fackelträger Verlag GmbH, Köln

Printed in China

ISBN 978-3-7716-4617-2

www.fackeltraeger-verlag.de

INHALT

EINLEITUNG

Alle, die ich kenne, haben viel zu tun. Unsere Generation hat jeden Tag alle
Zeitfenster verplant. Sogar am Wochenende haben wir alles Mögliche vor.
Mein Leben ist inzwischen auch etwas voller geworden, seit ich ein zwei-
tes Kind und ein neues Unternehmen habe. Ich verstehe nur zu gut, was es
bedeutet, wenn man alles unter einen Hut bekommen muss. Irgendetwas
bleibt dabei immer auf der Strecke, und bei vielen Leuten ist es dann das
Kochen. Aber das ist wirklich eine Schande. Für mich ist frisch zubereitetes
Essen immer noch das beste Mittel, um gesund zu bleiben. Ich glaube daran,
dass man ist, was man isst, und dass gutes, frisches Essen unverzichtbar
ist, um sich wohlzufühlen. Es tut einfach gut zu wissen, womit man seinen
Körper füttert. Dabei müssen die Mahlzeiten gar nicht aufwendig sein oder
viel Zeit kosten.

Im Wesentlichen koche ich dieselben Sachen, die ich bereits als Kind gegess-
sen und geliebt habe, aber die Umsetzung hat sich an meine Lebensumstän-
de angepasst. Ich bereite oft schlichte Mahlzeiten zu – viele Rezepte, für die
man nur einen Topf benötigt, einfache Gerichte, wie man sie auch auf der
Straße bekommen würde, Sandwiches mit leckeren Gewürzen, Salate und
schnelle Currys. Dabei mache ich keinen Kompromiss beim Geschmack –
ich muss mein Essen immer genießen können – aber die Rezepte sind
ebenso authentisch wie schnell und einfach … Ich wünsche Ihnen viel Spaß
beim Ausprobieren.

Viele Gerichte benötigen nur 5 bis 10 Minuten an Kochzeit, und dafür werden
Sie mit einer fantastischen Mahlzeit belohnt. Auch für alle, die kein Fleisch
essen, hat dieses Buch etwas zu bieten: Freuen Sie sich auf wunderbare
vegetarische Mahlzeiten. Ich liebe Desserts und habe hier einige klassische
indische Puddings und Kuchen in einfacher Version zusammengestellt. Es
ist für jeden Geschmack viel dabei.

Dieses Buch ist perfekt, wenn Sie weniger Zeit in der Küche verbringen
möchten … Sie wissen, was ich meine! Freuen Sie sich auf jede Menge Tipps
und Zutaten, die Ihnen jede Woche mehrere Stunden beim Kochen sparen
werden. Denken Sie daran, dass man am meisten Zeit spart, wenn man die
Zutaten schon parat hat, etwas Vorausplanung beim Kochen hilft also dabei,
nicht erst in letzter Minute alles zusammenbekommen zu müssen.

Ich denke, viel mehr Menschen werden sich die Zeit zum Kochen nehmen,
wenn sie erst einmal dazu inspiriert sind. Ich glaube wirklich, dass dieses
Buch diese Inspiration geben kann, sodass Sie schnell in die Küche springen
können, um diese Gerichte quasi in Nullkommanichts zuzubereiten … Und
dann wieder aus der Küche heraus sind und weitermachen können!

ZEITSPARENDE INDISCHE ZUTATEN

Es gibt so viele Produkte, die einem dabei helfen, weniger Zeit in der Küche zu verbringen – die Frage ist nur, wie viel Arbeit will man sich abnehmen lassen? Ich mache immer noch gerne möglichst viel selbst, aber es gibt ein paar Zutaten, die Zeit sparen, die ich ständig verwende, und ein paar andere, von denen ich denke, man kann zumindest in Erwägung ziehen, sie fertig zu kaufen.

Knusprig gebratene Schalotten oder Zwiebeln
Ich habe einmal ein Glas davon in einem orientalischen Supermarkt gekauft und fand sie so nützlich, dass ich sie jetzt immer im Schrank habe. Sie können sie ganz lassen, um Biryanis zu verbessern oder einem Salat oder einer Suppe zusätzliche Konsistenz zu verleihen, oder Sie können sie zerstoßen und statt frischer Zwiebeln in ein Curry geben. In diesem Buch habe ich sie nicht verwendet, aber das ist eine einfache Methode, um Gerichte etwas süßer zu machen, insbesondere, wenn Sie eher die Zwiebeln als die Schalotten verwenden. Natürlich spart es Ihnen alleine schon 10 Minuten, die Sie sonst mit Schneiden und Braten zubringen würden, aber die fertigen Zwiebeln haben noch viel mehr Vorteile.

Tamarinden-Dattel-Chutney
Dieser dickflüssige, dunkle, süße Schatz gehört zu Indiens beliebtesten Chutneys. In seiner Vielseitigkeit ähnelt dieses Chutney dem Ketchup des Westens – die Inder verwenden es genauso als Gewürz und Dip, mischen es aber auch in Snacks und Street Food. Ich habe das eigentlich immer selbst gemacht, kaufe es inzwischen aber auch fertig. Das spart wirklich Zeit und Mühe! Probieren Sie einfach aus, welche Marke Ihnen persönlich am besten schmeckt.

Fertig gekochter Reis
Obwohl Reis nur acht Minuten braucht, sobald das Wasser einmal kocht, ist es eben doch ein weiterer Punkt, der erledigt werden will. Heutzutage gibt es sehr guten fertig gekochten Reis, den man nur aufwärmen muss und der sich für jedes der Reisgerichte in diesem Buch verwenden lässt. Oft wird dieser Reis in 250-g-Packungen verkauft, was ungefähr 95 g ungekochtem Reis entspricht, sodass Sie die benötigte Menge schätzen können. Bedenken Sie jedoch, dass man das nicht exakt vorhersagen kann, weil das von der Art und dem Alter des Reises abhängt. Sie können bei allen meinen Rezepten den Teil mit dem Reiskochen weglassen und den fertig gekochten Reis in das aromatisierte Öl oder die Basis (die komplett durchgegart sein muss) einrühren.

Pani Puri

Pani Puris sind ein köstlicher Snack, der in Indien auf der Straße verkauft wird. Sie bestehen aus dünnen Gebäckschichten, die mit allen möglichen Zutaten gefüllt werden und mit einer süßen, sauren und würzigen Flüssigkeit bedeckt werden. Pani Puris isst man im Ganzen. Sie sind wirklich lecker. Sie können inzwischen sowohl Puris (die Gebäckhüllen) als auch die Pani (die Gewürze und Saucen für die Flüssigkeit) kaufen sowie ganze Pakete mit allem, was Sie brauchen. Pani Puri eignen sich ideal als schneller Snack und die Sets bieten wirklich ein gutes Preis-Leistungs-Verhältnis (meine Lieblingsversion finden Sie auf S. 12).

Reispapierblätter

Reispapierblätter sind so vielseitig, dass ich sie inzwischen schon lange verwende. Je länger ich mit ihnen koche, desto mehr Einsatzmöglichkeiten finde ich – deshalb habe ich einige köstliche und einfache Rezepte damit in dieses Buch aufgenommen. Man muss sie nur 5–10 Sekunden einweichen, bis man sie essen kann, das ist also ein minimaler Aufwand. Man kann sie in orientalischen Supermärkten oder online kaufen.

Tiefgefrorene Kokosraspel und Kokossahne

Ich habe immer ein Paket tiefgefrorene Kokosraspel auf Vorrat, die ich in meinem indischen Geschäft kaufe. Man kann das Paket einfach im Tiefkühlfach aufbewahren und so viel abkratzen, wie man braucht. Das ist mit Abstand die einfachste Methode, um Ihre Mahlzeiten um frische Kokosnuss zu bereichern. Ein Block Kokossahne ist keine revolutionäre neue Zutat, hat aber in meiner Küche gerade eine Wiederauferstehung erlebt. Ich hasse es, eine 400-g-Dose Kokosmilch aufzumachen, von der ich nur einen Teil brauche. Ich weigere mich aber auch, die ganze Dose zu verwenden, nur, weil sie da ist. Deswegen ist Kokossahne perfekt für mich. Man kann sie im Kühlschrank aufbewahren und so viel abreiben oder -hacken, wie man für ein Rezept braucht. Sie ist nicht so süß wie Kokosmilch und ich finde, sie hat mehr Konsistenz. Kokossahne bekommt man gut in orientalischen und gut sortierten lokalen Supermärkten.

Ingwer- und Knoblauchpasten

Ich muss zugeben, dass ich keine davon verwende, weil ich immer Ingwer und Knoblauch zu Hause habe und das Reiben nur ein paar Minuten dauert, aber ich weiß, dass viele sehr gute indische Köche diese Pasten verwenden, also können Sie das auch machen, wenn es für Sie praktischer ist.

Panir

Diesen indischen Frischkäse können Sie in Supermärkten oder online kaufen. Lassen Sie ihn einfach 10 Minuten in gerade nicht mehr kochendem Wasser einweichen, bevor Sie ihn verwenden. Wie Sie Panir selbst zubereiten – was allerdings nicht gerade Zeit spart ... – erfahren Sie auf S. 50.

Nützliche Onlineanbieter

www.indische-lebensmittel-online.de (für die meisten indischen Zutaten)
www.gftonline.de (für die meisten asiatischen Zutaten)
www.india-store.de (indische Lebensmittel, Kochgeschirr und vieles mehr)
www.maharani-shop.de (indische Lebensmittel und Feinkost)

INDISCHE HÄPPCHEN

Pani Puri mit Avocado

Pani Puri sind ein fabelhafter Street-Food-Snack. Eine hohle, knusprige Gebäckhülle wird zur Hälfte traditionell mit Kichererbsen oder Sprossen und geriebenen Kartoffeln gefüllt, dann wird eine würzig-minzige und leicht süße Flüssigkeit hineingegossen. Schließlich isst man das Ganze in einem Stück – um ein wahres Feuerwerk an Aromen und Konsistenzen im Mund zu erleben. In indischen Lebensmittelgeschäften sind heutzutage viele Pani-Puri-Sets erhältlich. Wenn Sie eines davon kaufen, befolgen Sie die Packungsanweisung, um die Flüssigkeit zuzubereiten. Ich kaufe die Zutaten immer einzeln – dieses Rezept basiert also darauf. Sie können die Füllungen variieren oder ganz traditionell halten.

Zuerst die Tamarinden- und Minzeflüssigkeit zubereiten. Dafür 250 ml Wasser in eine Schüssel gießen und das Masalapulver für die Pani Puri, die Tamarindensauce oder das Chutney und die Minze einrühren und abschmecken. Entweder mehr Tamarindenchutney für intensiveres süßsaures Aroma oder mehr Masalapulver für intensivere Schärfe hinzufügen.

Die Avocado mit dem Zitronenabrieb und dem -saft sanft, aber gründlich vermischen, damit die Avocado bedeckt ist und sich nicht verfärbt. Alle weiteren Zutaten für die Füllung dazugeben und mit Salz abschmecken.

Vor dem Servieren mit dem Finger ein Loch in die dünnere Oberfläche eines Pani Puri stechen – eine Seite ist immer dünner und einfacher einzustechen. Etwa 1 TL der Füllung in das Loch geben und das Pani Puri auf einen Servierteller legen. Allen anderen Teighüllen auf die gleiche Art füllen.

Die Tamarindenflüssigkeit in ein kleines Gefäß füllen und mit den Puris servieren. Direkt vor dem Essen 3–4 TL der Flüssigkeit in die Öffnung gießen und die Pani Puris im Ganzen in den Mund stecken (anderenfalls kleckert man mit der Flüssigkeit) und genießen. Guten Appetit!

und eine Version mit Lachsrogen ...
Füllen Sie jedes Pani Puri mit etwa 1 TL Lachsrogen
und geben Sie etwas Saure Sahne dazu.

Ergibt 20 Pani Puris

Für die würzige Tamarinden- und Minzeflüssigkeit

1 EL fertiges Pani-Puri-Masala-pulver (oder nach Geschmack)
4 EL fertige Tamarindensauce oder selbst gemachtes Tamarindenchutney (s. S. 155) (oder nach Geschmack)
8 Minzeblätter, fein gehackt

Für die Füllung

1 reife Avocado, fein gehackt
abgeriebene Schale von ½ unbehandelten Zitrone zzgl. 2 TL Zitronensaft
1 kleine Tomate, fein gehackt
1 Frühlingszwiebel, fein gehackt
½ kleine rote Zwiebel, fein gehackt
½–1 kleine rote Chilischote, Samen entfernt, fein gehackt
25 g Korianderblätter, gehackt
Salz
20 fertige Puris (im Handel als *Pani Puri* erhältlich)

Schneller:
fertige
Pani Puris

Pikante Brote mit Tomaten und Kräuterjoghurt

Diese Brote sind wirklich köstlich. Als ich sie zum ersten Mal probiert habe, merkte ich sofort, wie herrlich sich all die Aromen und Konsistenzen verbinden. Beim Schreiben stelle ich fest, dass ich jetzt sehr hohe Erwartungen bei Ihnen wecke. Ich hoffe also, Sie mögen sie genauso gern wie ich! Die Brote sind eine ganz einfach zuzubereitende Vorspeise, eignen sich aber auch als Brunch, wenn man zusätzlich noch ein pochiertes Ei daraufsetzt.

Die Brotscheiben auf beiden Seiten mit dem Öl bestreichen und in einer heißen Grillpfanne goldbraun rösten. Jeweils eine Seite jeder Scheibe mit der Knoblauchzehe einreiben und die Brotscheiben warmstellen.

Das Koriandergrün und die Chilischoten in den Joghurt rühren und nach Geschmack mit Salz und Pfeffer würzen.

Dann 1 EL Öl in einer sehr kleinen Pfanne erhitzen und das Panch Phoron hineingeben. Sobald das Brutzeln nachlässt, Tomaten, Zucker und Salz nach Geschmack hinzufügen. Etwa 2–4 Minuten braten, bis die Tomaten erhitzt sind und weich werden.

Die Brote zusammenstellen. Dafür die Tomatenmischung in sechs gleiche Portionen aufteilen. Jede Portion auf einer Brotscheibe verteilen und 1 EL von der Joghurtmischung darübergeben. Sofort servieren.

Ergibt 6 Portionen

6 dünne Scheiben Sauerteigbrot
1 EL Olivenöl zzgl. etwas für das Brot
1 große Knoblauchzehe, halbiert
25 g Korianderblätter, gehackt
1 kleine grüne Chilischote, fein gehackt
120 g griechischer Joghurt
1 TL Fünf-Gewürz-Mischung (im Handel als *Panch Phoron* erhältlich oder selbst gemischtes Panch Phoron, s. S. 122)
3 Tomaten, in schmale Spalten geschnitten
1 große Prise Zucker
Salz und frisch gemahlener schwarzer Pfeffer

Pikante Pilzküchlein

In der Welt der Kebabesser haben Vegetarier normalerweise wenig zu lachen. Die Nordinder sind diesbezüglich sehr erfinderisch. Sie machen aus allem Kebabs – nicht nur aus Fleisch – und diese schmecken bei weitem nicht wie ein blasser Abklatsch. Diese pikanten, ausgebackenen Pilze begeistern mit ihrem vollen Aroma. Wie andere Kebabs auch können Sie die Pilze mit Pikantem Korianderchutney (s. S. 154) servieren oder mit geröstetem rotem Pfeffer und etwas Saurer Sahne anrichten. Das ist eine noch einfachere und ebenso leckere Variante. Die Pilzmischung lässt sich gut vorbereiten und kurz vor dem Servieren braten.

Zunächst 1 EL Pflanzenöl in einer großen, beschichteten Pfanne erhitzen und die Pilze mit etwas Salz hineingeben. Unter Rühren kurz anbraten, bis die von den Pilzen freigesetzte Flüssigkeit verdampft ist und sie Farbe annehmen. Den Ingwer und den Knoblauch hinzufügen und etwa 1 Minute weiterbraten, bis der Knoblauch gar ist. Den Herd ausstellen und die Pilzmischung etwa 5 Minuten abkühlen lassen.

Eine kleine Pfanne ohne Fett bei mittlerer Temperatur erhitzen und das Kichererbsenmehl hineingeben. Unter ständigem Umrühren rösten, bis das Mehl etwas dunkler wird und zu duften beginnt.

Das Kichererbsenmehl zu den Pilzen geben und Gewürze, Joghurt, Chilischoten, Koriandergrün, Frühlingszwiebel und 4 EL von den Brotbröseln hinzufügen. Die Pilzmischung gut verrühren, abschmecken und eventuell nachwürzen. Die restlichen Brotbrösel auf einem großen, flachen Teller oder einer großen Platte verteilen.

Kurz vor dem Servieren aus der Pilzmischung etwa 5 cm große Fladen, die ungefähr wie Burger aussehen, formen und beidseitig in den übrigen Semmelbröseln wenden. Die Hälfte des restlichen Öls in einer großen, beschichteten Pfanne auf mittlere Temperatur erhitzen und die Hälfte der Pilzfladen in die Pfanne geben. Dabei darauf achten, dass die Pfanne nicht zu voll wird. Die Pilzküchlein bei mittlerer Hitze braten, bis sie goldbraun werden, dann umdrehen und auch die andere Seite goldbraun braten. Die fertigen Pilzfladen auf Küchenpapier abtropfen lassen und die restlichen Pilzküchlein im verbleibenden Öl braten. Heiß servieren.

Ergibt 15 kleine Küchlein

4 EL Pflanzenöl

400 g gemischte Pilze (ich nehme 50–60 % Shiitakepilze und dazu Maronen oder Austernpilze), fein gehackt

15 g Ingwer, fein gehackt

6 große Knoblauchzehen, fein gehackt

50 g Kichererbsenmehl

3 TL Mangopulver (im Handel als *Amchoor* erhältlich)

2 TL Garam Masala

2 TL gerösteter gemahlener Kreuzkümmel (s. S. 92)

2 EL griechischer Joghurt

etwas gehackte grüne Chilischote (optional)

25 g Korianderblätter, gehackt

1 Frühlingszwiebel, in dünne Ringe geschnitten

4 Scheiben Brot, zu Bröseln zerkleinert

Salz und frisch gemahlener schwarzer Pfeffer

5-Minuten-Garnelen mit Knoblauch, Chilischoten und Koriandergrün

Mit Garnelen schmeckt alles gut – ebenso mit Knoblauch, Chilischoten und Butter. Dieses Gericht ist also rundum ein Gewinner. Mit knusprigem Brot als Beilage servieren. Die aromatisierte Butter lässt sich gut vorbereiten und im Kühlschrank aufbewahren.

Den Knoblauch, die Chilischoten und das Koriandergrün in die Butter rühren.

Eine Pfanne erhitzen. Die Butter hineingeben und schmelzen lassen, dann die Schwarzkümmelsamen, die Garnelen und etwas Salz und Pfeffer hinzufügen. Unter Rühren 2–3 Minuten anbraten, bis die Garnelen vollständig rosa und gar sind. Mit etwas Zitronensaft beträufeln und mit Zitronenspalten servieren.

Ergibt 6–8 Portionen als Teil eines gemischten Vorspeisentellers

5 große Knoblauchzehen, zerrieben
½–¾ rote Chilischote, fein gehackt
30 g Korianderblätter und -stiele, fein gehackt
100 g Butter, weich
½ TL Schwarzkümmelsamen
600 g rohe Garnelen, geschält, mit Schwanz, entdarmt
1 Zitrone zzgl. Zitronenspalten zum Servieren
Salz und frisch gemahlener schwarzer Pfeffer

Die Reispapierblätter einfach nur kurz in Wasser tauchen – und schon wird aus den durchsichtigen, runden Scheiben eine leicht verarbeitbare, köstliche Grundlage für unendlich viele Mahlzeiten. Sie werden bald genauso wie ich merken, dass man alles darin einwickeln kann! Reispapierblätter halten sich ewig im Vorratsschrank.

Kathi Rolls mit Ente

„Kathi Kebabs", „Nizam Rollen" und „Frankies" sind allesamt geläufige Bezeichnungen für dieselbe Art von Street-Food-Snack in Indien: einen Wrap mit einer scharfen, pikanten Füllung, häufig mit noch knusprigen Zwiebeln und saftiger Tomate. Meine leichte und einfache Version hier eignet sich perfekt als mundgerechter indischer Snack. Anstelle der Ente passt auch Lamm oder Hähnchen. Sie können die Kathi Rolls pur oder mit einer kleinen Schüssel Pikantem Korianderchutney (s. S. 154) servieren.

In einer großen, beschichteten Pfanne 1½ EL von dem Öl erhitzen. Ingwer und Knoblauch hinzufügen, die Hitze reduzieren und unter Rühren 1 Minute anbraten, bis der Knoblauch Farbe annimmt. Zwiebel, Entenfleischstreifen, Gewürze und etwas Salz dazugeben (nur wenig Salz, da das Chat Masala bereits salzig ist). Unter Rühren 1 Minute anbraten, dann die Tomate hinzufügen und wiederum 1 Minute braten. Abschmecken und nach Geschmack nachwürzen. Den Herd ausstellen.

Eine große Schüssel oder einen großen Teller mit Wasser füllen. Die Reispapierblätter jeweils etwa 30 Sekunden einweichen, bis sie weich und elastisch werden. Dann jeweils ein Blatt auf Küchenpapier legen. Auf jedes Reispapierblatt vier oder fünf Karottenstäbchen und einen der zerkleinerten Korianderzweige in die Mitte legen. Darauf etwas von den Entenfleischstreifen, von der Zwiebel, der Tomate und dem würzigen Bratsaft geben. Nun ein Päckchen packen, indem Sie den Rand des Reispapierblatts, der Ihnen am nächsten ist, umklappen, dann beide Seiten über die Füllung klappen und schließlich die Rolle von sich weg zu einem Päckchen falten. Die Rolle mit der Verschlussseite nach unten auf einen Teller legen. Durch das Reispapier hindurch sieht man deutlich das farbenfrohe Gemüse. Mit den restlichen Rollen ebenso verfahren.

Wenn alle Rollen fertig sind, das restliche Öl in einer großen Pfanne recht stark erhitzen. Die Rollen mit der verschlossenen Seite nach unten hineingeben und 1–2 Minuten braten, bis die Unterseite knusprig ist. Servieren.

Ergibt 8 Portionen

2 EL Pflanzenöl

15 g Ingwer, gerieben

3 große Knoblauchzehen, zerrieben

1 kleine rote Zwiebel, in dünne Ringe geschnitten

175 g Entenbrustfilet, ohne Haut, diagonal in 5 cm lange Streifen geschnitten

1 TL gemahlener Kreuzkümmel (oder nach Geschmack)

1 TL Chat Masala (oder nach Geschmack)

1 kleine Strauchtomate, in Scheiben geschnitten

8 Blätter Reispapier

1 große Karotte, geschält und in dünne Stäbchen geschnitten

8 Zweige Koriandergrün, in 5 cm lange Stücke geschnitten

Salz und frisch gemahlener schwarzer Pfeffer

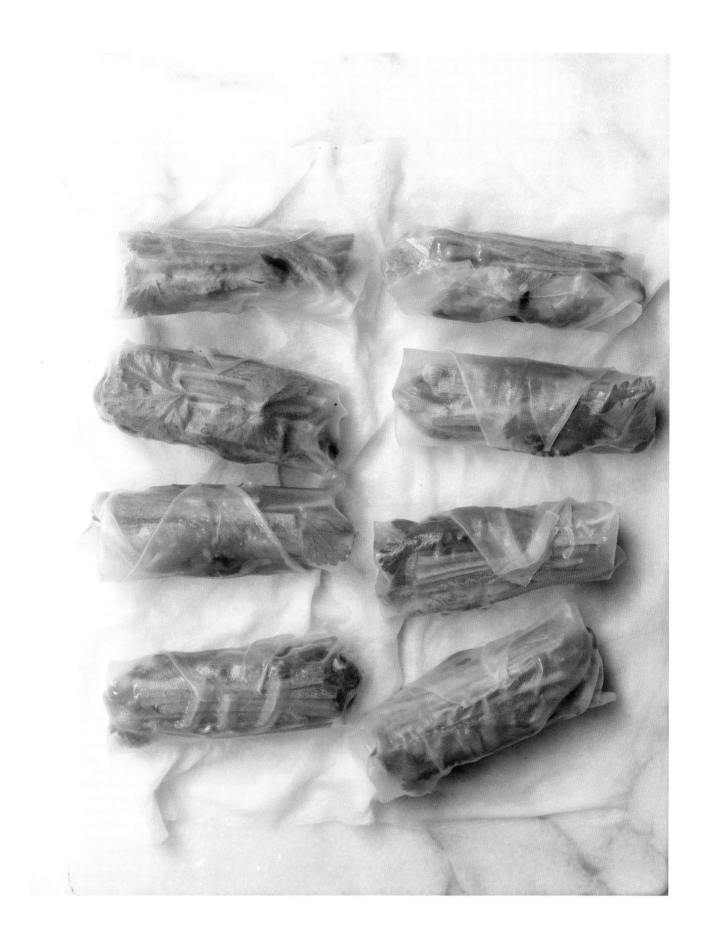

Schnelle Masala-„Dosas"

Dosas sind knusprige, luftige Pfannkuchen, die mit einem Frittierteig aus fermentierten Linsen und Reis zubereitet werden. Sie schmecken ganz wunderbar, sind aber nicht ganz leicht und schnell zuzubereiten! Deshalb nehme ich zu Hause Reispapierblätter. Sie eignen sich perfekt als leichte und knusprige Hülle, sind aber im Gegensatz zu den echten „Dosas" nicht der Höhepunkt des Gerichts, sondern nur die Verpackung für die wunderbare, würzige Kartoffelfüllung. Man kann diese Masala-Dosas als sättigendes Hauptgericht essen oder als kleinere Portion als Vorspeisenhäppchen. Dazu serviere ich Kokoschutney von der Küste (s. S. 154).

Ergibt 10 Portionen

500 g (2 mittelgroße) Kartoffeln
3–4 EL Pflanzenöl zzgl.
  4 TL zum Ausbraten der Rollen (optional)
1½ TL Senfsamen
2–4 getrocknete rote Chilischoten (optional)
2 TL gelbe Linsen (im Handel als *Chana Dal* erhältlich)
2 TL schwarze Bohnen (im Handel als *Urad Dal* erhältlich)
12 frische Curryblätter
2 Zwiebeln, in Ringe geschnitten
½ TL Kurkuma
4 TL frisch gepresster Zitronensaft
5 EL geröstete gesalzene Erdnüsse
10 Blätter Reispapier
Salz und frisch gemahlener schwarzer Pfeffer

Die Kartoffeln schälen und in 5 cm große Würfel schneiden und in einem Topf mit Wasser kochen, bis sie gerade gar sind.

Nach etwa 10 Minuten 3–4 EL Pflanzenöl in einer großen, beschichteten Pfanne erhitzen. Die Senfsamen hineingeben und warten, bis das Brutzeln nachlässt, dann Chilischoten und gelbe Linsen sowie nach weiteren 10 Sekunden die schwarzen Bohnen hinzufügen. Die Linsen braten, bis sie Farbe annehmen, dann Curryblätter, Zwiebeln und Salz dazugeben. Die Zwiebeln auf mittlerer Temperatur braten, bis sie an den Rändern karamellisieren.

Wenn die Kartoffeln gar sind, mit einem Schaumlöffel herausnehmen (die Flüssigkeit im Topf aufheben). Sobald die Zwiebeln gar sind, 1–2 EL Kartoffelkochwasser und das Kurkuma in die Pfanne geben und 20 Sekunden kochen.

Die Kartoffeln, Salz und Pfeffer sowie den Zitronensaft hinzufügen und die Kartoffeln mit einem Stampfer verkleinern; es sollten sowohl große Stückchen als auch Kartoffelbrei entstehen. Falls die Mischung zu trocken wirkt, noch mehr von dem Kochwasser dazugeben. Abschmecken, eventuell nachwürzen und die Erdnüsse hinzufügen. Den Herd ausschalten und den Rest des Kartoffelkochwassers wegschütten.

Vor dem Servieren eine große Schüssel oder einen großen Teller mit Wasser füllen. Die Reispapierblätter jeweils etwa 30 Sekunden einweichen, bis sie weich und elastisch werden. Dann jeweils ein Blatt auf Küchenpapier legen. Ungefähr 3 EL von der Kartoffelfüllung in die Mitte des Blattes geben. Nun ein Päckchen packen, indem Sie den Rand des Reispapierblatts, der Ihnen am nächsten ist, umklappen, dann beide Seiten über die Füllung klappen und schließlich die Rolle von sich weg zu einem Päckchen falten. Mit den übrigen Reispapierblättern und der übrigen Füllung genauso verfahren. Jetzt können Sie die Röllchen entweder servieren oder noch kurz braten.

Dazu die Pfanne, in der die Füllung gekocht wurde, kurz auswischen und 2 TL Öl erhitzen. Fünf Rollen mit der Verschlussseite nach oben hineinlegen und braten, bis sie goldbraun sind. Die Rollen wenden und auch die Verschlussseite goldbraun braten. Mit dem restlichen Öl und den restlichen Rollen wiederholen, dann servieren.

Südindisch gewürzte vietnamesische Frühlingsrollen mit Krabben

Ich liebe diese Frühlingsrollen: sie sind leicht, voller Geschmack und einfach zuzubereiten. Sie können die Füllung hervorragend vorbereiten und die Reispapierröllchen direkt vor dem Servieren einfach fertigstellen oder sie bis zum Servieren mit einem feuchten Geschirrtuch bedeckt im Kühlschrank aufbewahren.

Das Krabbenfleisch in eine große Schüssel geben. Das Öl in einer großen, beschichteten Pfanne erhitzen. Die Senfsamen hineingeben und warten, bis das Brutzeln nachlässt, dann die Curryblätter hinzufügen. Die Hitze reduzieren, den Ingwer und die Chilischoten in die Pfanne geben und 10 Sekunden braten. Den Herd abschalten. Den Inhalt der Pfanne in die Schüssel zu dem Krabbenfleisch geben. Schwarzen Pfeffer, Zitronenabrieb, -saft und Kokosraspel hinzufügen. Gut umrühren und mit Salz abschmecken.

Vor dem Servieren eine große Schüssel oder einen großen Teller mit Wasser füllen. Die Reispapierblätter jeweils etwa 30 Sekunden einweichen, bis sie weich und elastisch werden. Dann jeweils ein Blatt auf Küchenpapier legen. Auf jedes Reispapierblatt ein Achtel der Gurken- und Karottenjuliennes und der Krabbenmischung geben. Nun ein Päckchen falten, indem Sie den Rand des Reispapierblatts, der Ihnen am nächsten ist, umklappen, dann beide Seiten über die Füllung klappen und schließlich die Rolle von sich weg zu einem Päckchen, das die Form einer dicken Zigarre hat, rollen. Die restlichen Rollen auf die gleiche Art fertigstellen. Jede Rolle gerade oder diagonal halbieren und servieren.

Ergibt 8 Portionen

200 g gemischtes Krabbenfleisch (braun und weiß)
1½ EL Pflanzenöl
1 TL braune Senfsamen
20 frische Curryblätter
15 g Ingwer, fein gehackt
2–3 rote Chilischoten, fein gehackt
abgeriebene Schale von 1 unbehandelten Zitrone zzgl. 4 EL Zitronensaft
40 g Kokosraspel (Ich verwende tiefgefrorene Kokosraspel und lasse sie auftauen)
8 Blätter Reispapier
1 Stück Gurke (7,5 cm lang), entkernt und in Juliennes geschnitten
1 Karotte (7,5 cm lang), geschält und in Juliennes geschnitten
Salz und frisch gemahlener schwarzer Pfeffer

Schneller: *gefrorene Kokosraspel*

Gewürzte Meeresfrüchte-Samosas

Das sind schöne kleine Leckereien als Begleiter zu einem Aperitiv, aber auch als eine elegante Vorspeise mit einem kleinen Salat und Chutney dazu. Ich mag eine Füllung aus Garnelen, Tintenfisch, Muscheln, Lachs und Weißfisch. Sie können aber auch weniger Fischsorten verwenden, wenn das einfacher für Sie ist. Manchmal füge ich auch Kokosraspel zur Füllung hinzu. Wenn Sie kein getrocknetes Mangopulver haben, verwenden Sie Zitronensaft, und fügen Sie etwas mehr Paniermehl zur Füllung hinzu, um die Feuchtigkeit aufzusaugen.

Das Pflanzenöl in einer großen, beschichteten Pfanne erhitzen. Die Zwiebel hineingeben und anbraten, bis sie an den Rändern goldbraun wird. Ingwer und Knoblauch hinzufügen und 1–2 Minuten sanft anbraten. Das Tomatenmark hineingeben und 1 Minute mitbraten. Anschließend die Meeresfrüchte, Salz, Pfeffer und Garam Masala hinzufügenund 3 Minuten braten. Paniermehl, Chilischote und Mangopulver einrühren, dann probieren und abschmecken.

Um die Samosas fertigzustellen, einen Teigstreifen mit der schmalen Seite nach unten vor sich auf die Arbeitsfläche legen. 1 EL der Füllung daraufgeben, dabei darauf achten, dass 1 cm Rand frei bleibt. Die rechte Ecke des Streifens so über die Füllung falten, dass ein Dreieck entsteht (siehe Bild). Nun in Dreiecksform das Päckchen weiter nach oben falten, bis ein Rest des Teigstreifens übrigbleibt.

Das Mehl in eine Tasse mit etwas Wasser zu einer dicklichen, klebrigen Paste verrühren. Mit einem Backpinsel oder Löffel ein wenig diese Mehlpaste auf das Endstück des Teigstreifens geben und mit dem Finger verteilen. Den Teig umklappen und lose Teigpartien leicht andrücken, um das Samosa zu versiegeln. Alle weiteren Samosas auf die selbe Art herstellen.

In einen *Karahi* (die indische Version eines Wok) oder einen Topf 7,5 cm hoch Pflanzenöl gießen und erhitzen, bis es entweder 180 °C (Ölthermometer) erreicht hat, oder ein Stück Brot zu brutzeln beginnt, sobald es in das heiße Öl gehalten wird. Vier oder fünf Samosas in den Karahi geben und etwa 1 Minuten braten, bis sie goldbraun sind, wenden und nochmals 1 Minute braten. Die Samosas mit einem Schaumlöffel aus dem Öl nehmen und auf Küchenpapier abtropfen lassen. Den Vorgang wiederholen, bis alle Samosas herausgebacken sind.

Ergibt 20 kleine Samosas als Vorspeise

4 EL Pflanzenöl zzgl. etwas zum Ausbacken
1 Zwiebel, fein gehackt
15 g Ingwer, gerieben
4 große Knoblauchzehen, zerrieben
4 TL Tomatenmark
500 g gemischte rohe Meeresfrüchte und Fisch, grob gehackt (siehe Rezepteinführung)
1 TL Garam Masala
4 EL Paniermehl
1 große rote Chilischote, fein gehackt
2 TL Mangopulver (im Handel als Amchoor erhältlich)
20 Teigstreifen (7,5 cm breit) (am besten Frühlingsrollenteig)
5 EL Weizenmehl
Salz und frisch gemahlener schwarzer Pfeffer

Schneller:
fertige Teigstreifen

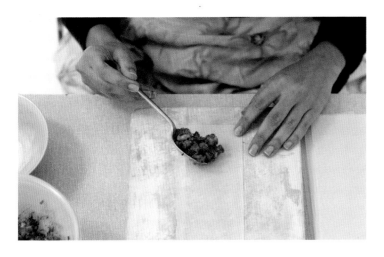

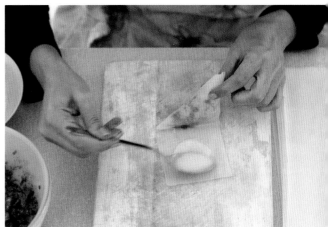

Gegrillte Rindfleischspieße aus Bihar

Dieses Gericht basiert auf den beliebten indischen Kebabs und ist so mild gewürzt, dass es den herrlichen Fleischgeschmack nicht überdeckt. Ich verwende ein Schulterstück vom Rind, das ist preiswert, zart und sehr schnell zu kochen. Servieren Sie die Rindfleischspieße mit Pikantem Korianderchutney (s. S. 154) oder einem süßen Minzechutney oder einfach nur mit etwas Salat. Für besonders saftiges und zartes Fleisch, marinieren Sie es in 4 EL grüner Papaya-Paste (s. S. 84).

Zuerst das Fleisch für die Spieße vorbereiten. Fett, Sehnen oder Knorpel entfernen und das Fleisch in 5 mm dicke Scheiben schneiden. Lassen sich keine gleichmäßigen Scheiben schneiden, das Fleisch in Würfel zerteilen.

Das Pflanzenöl in einer kleinen Pfanne erhitzen und die Zwiebel darin goldbraun braten. Den Knoblauch dazugeben und 1 Minute braten, bis er gar duftet. Zwiebel und Knoblauch zusammen mit Garam Masala, Kreuzkümmel, Chilipulver, Ingwer, Salz, Pfeffer und Joghurt im Mixer oder mit dem Pürierstab zu einer glatten Paste verarbeiten. Abschmecken und eventuell nachwürzen.

Die Fleischstreifen oder -würfel mit dieser Marinade bestreichen, in eine flache Schale geben, abdecken und für mindestens 1 Stunde (oder über Nacht, je länger desto besser) in den Kühlschrank stellen.

Vor der weiteren Zubereitung das Fleisch aus dem Kühlschrank nehmen und wieder auf Zimmertemperatur bringen. Die Bambusstäbchen für mindestens 30 Minuten in Wasser legen. Das verhindert, dass die Stäbchen verbrennen, wenn das Fleisch zubereitet wird.

Eine Grillpfanne auf dem Herd erhitzen. Die Bambusspießchen kurz abtropfen lassen und die Fleischstücke gleichmäßig verteilt daraufspießen. Die Fleischspieße nebeneinander in die Grillpfanne legen und auf jeder Seite 1–2 Minuten grillen. Das Fleisch während dieser Zeit nicht bewegen, damit sich schöne dunkle Grillmarkierungen in das Fleisch braten können.

Die fertigen Rindfleischspieße mit Zitronenspalten, Koriander- oder Minzechutney oder einem Salat als Beilage heiß servieren

Ergibt 8 Fleischspieße

400 g Rindfleisch (Schulter oder Hüfte)
1 EL Pflanzenöl
1 kleine Zwiebel, in Ringe geschnitten
4 große Knoblauchzehen, zerrieben
1 TL Garam Masala
¾ TL gerösteter gemahlener Kreuzkümmel (s. S. 92)
¼ TL Chilipulver (oder nach Geschmack)
20 g Ingwer, grob gehackt
4 EL Naturjoghurt
8 Bambusspießchen
Zitronenspalten zum Garnieren
Salz und frisch gemahlener schwarzer Pfeffer

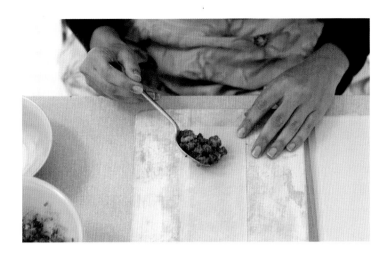 

 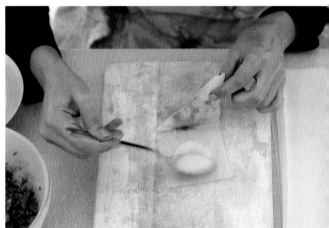

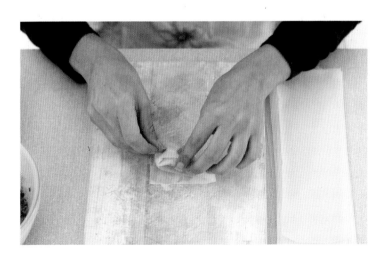 

Cremiges Hähnchen-Tikka

Malai ist die Creme, die sich bei frischer Milch an der Oberfläche absetzt. Indische Hausfrauen haben diese immer schon gesammelt und, wenn genügend zusammengekommen war, etwas Besonderes damit gekocht – wie etwa dieses cremige, gegrillte Hähnchen. Es ist saftig und hat einen delikaten Geschmack, dabei aber so einfach zu machen, dass es fast eine alltägliche Mahlzeit ist. Ich verwende Crème double anstelle von Malai. Sie können das Hähnchenfleisch gut im Voraus marinieren und dann einfach zubereiten. Servieren Sie das Gericht mit Pikantem Korianderchutney (s. S. 154) oder nur mit einem Salat.

Knoblauch, Ingwer, ¾ TL Salz und ½ TL Pfeffer mit dem Pürierstab zu einer Paste verarbeiten. Das Hähnchenfleisch in einer flachen Schale mit der Paste komplett bedecken, abdecken und mindestens 30 Minuten marinieren.

Die restlichen Zutaten für die Marinade vermischen, das Hähnchenfleisch darin wenden, abdecken, in den Kühlschrank stellen und mindestens 1 Stunde marinieren. Unterdessen die Bambusstäbchen für mindestens 30 Minuten in Wasser legen. Das verhindert, dass die Stäbchen verbrennen, wenn das Fleisch gegrillt wird.

Vor der weiteren Zubereitung das Fleisch aus dem Kühlschrank nehmen und wieder auf Zimmertemperatur bringen. Den Backofen auf 220 °C vorheizen. Die Bambusspießchen kurz abtropfen lassen und die Fleischstücke gleichmäßig verteilt daraufspießen.

Die Fleischspieße auf ein mit Backpapier ausgelegtes Backblech legen und im heißen Ofen 6–8 Minuten braten. Das Fleisch wird gut bräunen und viel Flüssigkeit abgeben. Die Fleischspieße immer wieder mit diesem Bratensaft begießen. Machen Sie eine Garprobe, indem Sie mit einer Messerspitze in ein Fleischstück stechen. Der heraustretende Fleischsaft sollte durchsichtig sein. Falls er noch rosa ist, die Hähnchenspieße noch einige Minuten weiterbraten und dann erneut prüfen.

Die fertigen Fleischspieße aus dem Ofen nehmen und mit einem Salat als Beilage sofort servieren.

Ergibt 48 Portionen als Teil eines gemischten Vorspeisentellers

Für die Marinade
3 große Knoblauchzehen, zerrieben
20 g Ingwer, gerieben
⅓ TL gemahlener Kardamom
⅓ TL gemahlene Muskatblüte
⅓ TL frisch geriebene Muskatnuss
100 g Crème double
40 g geriebener Cheddar
2 TL Speisestärke
3 EL griechischer Joghurt
Salz und frisch gemahlener schwarzer Pfeffer

Für die Hähnchenspieße
4 Hähnchenschenkel, Knochen entfernt und in große Stücke geschnitten
8 Bambusspießchen

Nepalesische Hähnchen-Momos mit Tomaten-Chili-Ingwersauce

Momos sind chinesisch inspirierte Klößchen, die ihren Weg nach Indien über Nepal gefunden haben. Sie sind lecker und gesund, und es macht Spaß sie zuzubereiten. Sie müssen nicht erst jahrelang Erfahrung in der Herstellung von perfektem Momosteig sammeln – nehmen Sie einfach fertigen Wan-Tan-Teig. Ich garantiere Ihnen, sie werden Momos lieben. Servieren Sie die Klößchen mit ein wenig Chili-Sojasauce oder der traditionelleren Dip-Sauce unten.

Einen Dampfkorb gut einölen und auf einen mit 5 cm Wasser gefüllten Topf setzen.

Wenn Sie den Teig selber machen wollen, das Mehl mit 5–6 EL Wasser mischen und daraus einen Teig kneten, der glatt und weich ist. Den Teig mit einem feuchten Geschirrtuch abdecken und ruhen lassen, bis die Füllung zubereitet ist, oder fertigen Wan-Tan-Teig verwenden.

Alle Zutaten für die Füllung mischen sowie mit Salz und ½ TL Pfeffer würzen. Ein wenig der Füllung braten und probieren, um eventuell die Würzung noch zu korrigieren.

Von dem selbst gemachten Teig ein walnussgroßes Stück abtrennen und den Rest wieder mit dem Geschirrtuch abdecken. Das Teigstück auf möglichst wenig Mehl zu einem sehr dünnen Teigkreis von 6,5–7,5 cm Ø ausrollen. Oder ein Blatt fertigen Wan-Tan-Teig vor sich auf die Arbeitsfläche legen. Einen großzügigen TL Füllung in die Mitte des Teiges geben, die Teigränder nach oben klappen und mit leichtem Druck verschließen. Das fertige Klößchen in den geölten Dampfkorb legen. Die weiteren Momos auf die gleiche Weise zubereiten.

Sobald alle Momos fertig sind, das Wasser unter dem Dampfkorb zum Kochen bringen und die Klößchen für 12 Minuten oder bis der Teig nicht mehr klebt im Dampf garen. Heiß mit Tomaten-Chili-Ingwersauce (siehe unten) servieren.

Wenn's schnell gehen soll: Tomaten-Chili-Ingwersauce

Eine Grillpfanne erhitzen und 2 große geviertelte Tomaten und 1 große rote Chilischote (oder nach Geschmack) so lange grillen, bis die Häute schwärzen. In einem kleinen Topf 1 TL Pflanzenöl erhitzen und 2 fein gehackte Knoblauchzehen 1 Minute braten, dabei aber keine Farbe nehmen lassen. Die Tomaten und Chilischoten so weit wie möglich enthäuten, zusammen mit dem Knoblauch und 1–2 EL Wasser mit einem Pürierstab zu einer glatten Sauce verarbeiten. Mit 1 Prise Zucker, 10 g fein gehacktem Ingwer, ⅓ TL Rotweinessig und Salz abschmecken. Ausreichend als Beilage zu den Momos.

Ergibt 20–22 Portionen

Für die Füllung

1 EL Pflanzenöl zzgl. etwas für den Einsatz eines Dampfgarers oder Dämpfkorb
200 g Hähnchenfleisch, 2 Hähnchenoberschenkel oder 1 große Hähnchenbrust ohne Haut und Knochen, fein gehackt
½ Zwiebel, fein gehackt
2 große Knoblauchzehen, zerrieben
12 g Ingwer, gerieben
60 g Karotten, fein gerieben und Flüssigkeit herausgedrückt
4 EL Korianderblätter, gehackt
⅔ TL Garam Masala
¾ TL gemahlener Kreuzkümmel
Salz und ½ TL frisch gemahlener schwarzer Pfeffer

Für den Teig (optional)

100 g Weizenmehl zzgl. etwas zum Bestäuben oder fertigen Wan-Tan-Teig verwenden

Schneller:
fertiger Wan-Tan-Teig

Gegrillte Rindfleischspieße aus Bihar

Dieses Gericht basiert auf den beliebten indischen Kebabs und ist so mild gewürzt, dass es den herrlichen Fleischgeschmack nicht überdeckt. Ich verwende ein Schulterstück vom Rind, das ist preiswert, zart und sehr schnell zu kochen. Servieren Sie die Rindfleischspieße mit Pikantem Korianderchutney (s. S. 154) oder einem süßen Minzechutney oder einfach nur mit etwas Salat. Für besonders saftiges und zartes Fleisch, marinieren Sie es in 4 EL grüner Papaya-Paste (s. S. 84).

Zuerst das Fleisch für die Spieße vorbereiten. Fett, Sehnen oder Knorpel entfernen und das Fleisch in 5 mm dicke Scheiben schneiden. Lassen sich keine gleichmäßigen Scheiben schneiden, das Fleisch in Würfel zerteilen.

Das Pflanzenöl in einer kleinen Pfanne erhitzen und die Zwiebel darin goldbraun braten. Den Knoblauch dazugeben und 1 Minute braten, bis er gar duftet. Zwiebel und Knoblauch zusammen mit Garam Masala, Kreuzkümmel, Chilipulver, Ingwer, Salz, Pfeffer und Joghurt im Mixer oder mit dem Pürierstab zu einer glatten Paste verarbeiten. Abschmecken und eventuell nachwürzen.

Die Fleischstreifen oder -würfel mit dieser Marinade bestreichen, in eine flache Schale geben, abdecken und für mindestens 1 Stunde (oder über Nacht, je länger desto besser) in den Kühlschrank stellen.

Vor der weiteren Zubereitung das Fleisch aus dem Kühlschrank nehmen und wieder auf Zimmertemperatur bringen. Die Bambusstäbchen für mindestens 30 Minuten in Wasser legen. Das verhindert, dass die Stäbchen verbrennen, wenn das Fleisch zubereitet wird.

Eine Grillpfanne auf dem Herd erhitzen. Die Bambusspießchen kurz abtropfen lassen und die Fleischstücke gleichmäßig verteilt daraufspießen. Die Fleischspieße nebeneinander in die Grillpfanne legen und auf jeder Seite 1–2 Minuten grillen. Das Fleisch während dieser Zeit nicht bewegen, damit sich schöne dunkle Grillmarkierungen in das Fleisch braten können.

Die fertigen Rindfleischspieße mit Zitronenspalten, Koriander- oder Minzechutney oder einem Salat als Beilage heiß servieren

Ergibt 8 Fleischspieße

400 g Rindfleisch (Schulter oder Hüfte)
1 EL Pflanzenöl
1 kleine Zwiebel, in Ringe geschnitten
4 große Knoblauchzehen, zerrieben
1 TL Garam Masala
¾ TL gerösteter gemahlener Kreuzkümmel (s. S. 92)
¼ TL Chilipulver (oder nach Geschmack)
20 g Ingwer, grob gehackt
4 EL Naturjoghurt
8 Bambusspießchen
Zitronenspalten zum Garnieren
Salz und frisch gemahlener schwarzer Pfeffer

SCHNELLE
FAMILIENESSEN

Gegrillter Käse und indisches Chutney

Indien hatte nie eine Sandwichkultur, die mit der des Westens mithalten konnte, aber Sie werden – wenn Sie nach Indien reisen – feststellen, dass man Chutney-Sandwiches kaufen kann. Meistens handelt es sich dabei um ein einfaches, pikantes grünes Chutney, das mit Gurken- und Tomatenscheiben auf weißem, ungetoastetem Brot serviert wird. Ich bin so süchtig nach diesen Sandwiches, dass ich sie seit Jahren zu Hause zubereite. Dieses hier ist meine überarbeitete Version. Ich mag die Sandwiches lieber mit etwas Mayonnaise, weil sie ihnen eine wunderbare Cremigkeit verleiht, aber mein Mann bevorzugt beispielsweise Butter. Also – ganz, wie Sie es mögen!

Butter oder ein wenig Mayonnaise jeweils auf einer Scheibe Brot verstreichen. Darauf Salat, Tomate, rote Zwiebel (falls verwendet) und Käse verteilen. Mit den Kapern bestreuen (falls verwendet). Das Chutney auf der zweiten Brotscheibe verstreichen und auf die belegte Brotscheibe aufsetzen.

Das Sandwich in einem Sandwichmaker toasten – wenn Ihnen einer zur Verfügung steht. Ansonsten eine kleine Pfanne bei mittlerer Temperatur erhitzen und ganz leicht einölen. Das Sandwich in der heißen Pfanne rösten, dabei mit einem Fischheber oder einem breiten Pfannenheber herunterdrücken, bis es goldbraun und knusprig wird. Danach wenden und auch die andere Seite goldbraun rösten. Dadurch wird das Sandwich warm und die Füllung in der Mitte schmilzt.

Ergibt 1 Portion

weiche Butter oder leichte Mayonnaise (nach Geschmack)
2 Scheiben Brot (jede Sorte, die Sie mögen oder gerade im Haus haben)
1–2 knackige grüne Salatblätter
½ kleine reife Tomate, in feine Scheiben geschnitten
1 EL rote Zwiebel, fein gehackt (optional)
1 dünne Scheibe Käse (groß genug, um eine Brotscheibe zu bedecken)
1 TL Kapern, abgetropft und gewaschen (optional)
3 EL Pikantes Korianderchutney (s. S. 154)
etwas Pflanzenöl (optional)

Schnelle Brote mit Räuchermakrele

Diese ultraschnelle, leichte Mahlzeit bedeutet wenig Aufwand, aber viel Geschmack und eine tolle Konsistenz. Ich verwende gerne dunkles Roggenbrot, weil es perfekt zum Raucharoma des Fischs und zur Geschmeidigkeit der Crème fraîche passt, aber Sie können auch jedes andere Brot verwenden, das Sie gerne essen – es muss nur robust genug sein, um bei der Zubereitung nicht zu zerfallen. Die Granatapfelsamen verleihen dem Gericht eine wundervolle, frische Note, aber Sie können sie auch weglassen.

Mit dem Marinieren der Gurke beginnen. Alle Zutaten außer der Gurke mit einer Prise Salz vermischen und warten, bis der Zucker sich aufgelöst hat. Danach die Gurkenstreifen daruntermischen und 15 Minuten stehen lassen. Dadurch können sich die Aromen verbinden und die Gurke wird leicht mariniert.

Koriandergrün, Frühlingszwiebel und Chilischote sowie etwas Salz und Pfeffer mit der Crème fraîche vermischen. Diese Mischung auf die beiden Brotscheiben aufteilen, dabei dick und gleichmäßig verstreichen.

Von den Makrelenfilets die Haut abziehen und entsorgen. Die Filets grob zerpflücken und die Stücke gleichmäßig auf der Crème fraîche verteilen. Die Gurke abtropfen lassen und über dem Fisch verteilen. Ebenso mit den Granatapfelkerne verfahren und die Brote anschließend servieren.

Ergibt 2 Portionen

Für die marinierte Gurke
2 EL Weißweinessig
½ TL Zucker
¼ TL Koriandersamen, leicht zerstoßen
5 cm Gurke, gewaschen, längs halbiert, entkernt und zu Juliennes geschnitten
Salz

Für die Brote
25 g Koriandergrün, gehackt
1 kleine Frühlingszwiebel, fein gehackt
¼–½ kleine grüne Chilischote, fein gehackt
4 TL Crème fraîche (oder Crème légère mit 20 % Fettgehalt)
2 Scheiben Roggenbrot (Pumpernickel) oder anderes Brot
2 geräucherte Makrelenfilets
25 g Granatapfelkerne
Salz und frisch gemahlener schwarzer Pfeffer

Warmes Hähnchen-Tikka-Sandwich

Ein Tandoori-Hähnchen-Sandwich habe ich zum ersten Mal vor zwanzig Jahren in einem Hotel in Indien gegessen – und das hat mir wirklich die Augen dafür geöffnet, wie großartig einfache Sandwiches sein können. Seitdem habe ich außerdem festgestellt, wie prima man damit Reste aus dem Kühlschrank verarbeiten kann! Dieses Sandwich in dem Hotel wurde mit Liebe zubereitet. Und das hat man geschmeckt. Mein Rezept basiert auf diesen Erinnerungen. Sie können ein bisschen tricksen und eine fertige Tikka-Paste kaufen (oder sogar fertiges Tandoori-Hähnchen). Aber nehmen Sie sich einmal die Zeit, um zu Hause ein ganzes Huhn zuzubereiten, und Sie werden begeistert sein, mit wie vielen Mittagessen und Lunchpaketen Sie dieses eine Huhn versorgt.

Das Hähnchen auf allen Seiten mit einer Gabel einstechen, unabhängig davon, ob Sie Schenkel oder Brustfilet verwenden. Wenn Sie Hähnchenbrustfilet verwenden, sollten Sie die dickeren Teile in einem Abstand von 2 cm einstechen. Wenn Sie genug Zeit haben, marinieren Sie das Hähnchen jetzt 20 Minuten in einem tiefen Teller mit jeweils der Hälfte dieser Zutaten für die Tandoori-Paste: Salz, Zitronensaft, Ingwer und Knoblauch. Dadurch wird das Fleisch zarter.

Nun alle Zutaten für die Tandoori-Paste glatt rühren, mit oder ohne die Zutaten für die erste Marinade, je nachdem, ob Sie diese dafür schon verwendet haben oder nicht. Das Salz nicht vergessen. Das Hähnchen in einen Teller legen (oder in demselben Teller lassen, falls Sie bereits einen verwendet haben) und die Marinade darübergeben. Das Hähnchen wenden, damit es rundum von der Marinade bedeckt wird. Den Teller abdecken, in den Kühlschrank stellen und das Fleisch so lange wie möglich marinieren, mindestens 1 Stunde, am besten über Nacht. Rechtzeitig vor der weiteren Zubereitung das Hähnchen aus dem Kühlschrank nehmen und wieder auf Zimmertemperatur bringen.

Den Backofen auf 200 °C vorheizen. Ein Backblech oder etwas Alufolie unter das Ofengitter schieben bzw. legen. Die Hähnchenstücke direkt auf das Gitter legen und 15 Minuten braten, bis es gar ist. Machen Sie eine Garprobe, indem Sie mit einer Messerspitze in die dickste Stelle des Hähnchenfleisches stechen. Der heraustretende Fleischsaft sollte durchsichtig sein. Falls er noch rosa ist, die Hähnchenstücke noch einige Minuten weiterbraten und dann erneut prüfen. Die Hähnchenstücke aus dem Ofen nehmen und auf dem Backblech oder der Folie, mit dem/der Sie die Bratsäfte aufgenommen haben, ruhen lassen.

Das Baguette oder die Brotscheiben ein paar Minuten im Ofen aufwärmen. Die Hähnchenteile in große Stücke schneiden oder zupfen.

Eine Seite des Baguettes oder zwei Scheiben Brot mit Butter bestreichen und mit Tomate, Salat und roter Zwiebel belegen. Das Hähnchenfleisch darauf verteilen. Das Chutney auf die andere Seite des Baguettes bzw. die zwei weiteren Brotscheiben geben. Das Sandwich zusammenklappen und heiß genießen!

Ergibt 2 Portionen

Für das Sandwich
2 Hähnchenschenkel oder
  -brustfilets, ohne Haut und
  Knochen
1 kleines Baguette oder
  4 Scheiben Sauerteigbrot
weiche Butter
1 Flaschentomate, in Scheiben
  geschnitten
2–3 knackige Salatblätter
¼ kleine rote Zwiebel, in dünne
  Ringe geschnitten
4–6 EL Pikantes Korianderchutney (s. S. 154)

Für die Tandoori-Paste
⅓ TL Salz
1 EL frisch gepresster Zitronensaft
5 g Ingwer, gerieben
1 große Knoblauchzehe,
  zerrieben
65 g griechischer Joghurt
½ TL Chilipulver
1 TL Paprikapulver (optional,
  nur für die Farbe)
¾ TL gemahlener Kreuzkümmel
1 EL Pflanzenöl
½ TL Garam Masala
1 gestrichener TL Tomatenmark

BECHER JOGHURT

In fast jedem Kühlschrank steht ein Becher Joghurt. Den kann man immer brauchen, sei es zusammen mit Obst für eine schnelle Süßspeise oder auf dem Müsli. Aber Joghurt kann noch viel mehr. Er eignet sich als wunderbar leichter Brotaufstrich, bereichert jede Marinade um eine pikante Note und macht jedes Fleisch superzart. Gönnen Sie Ihrer Familie öfter etwas Joghurt!

Geröstete Lachs-Tacos im Tandoori-Stil

Dieses leichte Gericht macht so viel Freude, dass Sie es jeden Tag werden essen wollen. Freuen Sie sich auf die vielen Aromen. Jeder Bissen ist cremig und gleichzeitig knackig. Statt der Tortillas können Sie auch indische Brote verwenden, alternativ können Sie die Brot oder Tortillas auch ganz weglassen.

Alle Zutaten für die Marinade verrühren und 5 EL des Joghurts für die Fisch-Tacos dazugeben. Gründlich mit Salz und Pfeffer würzen. Die Marinade sollte pikant, scharf und salzig schmecken, weil der Fisch sie absorbiert und jedes Stück nur dünn bedeckt wird. Den Fisch in der Marinade wenden und, wenn Sie genug Zeit haben, 30 Minuten im Kühlschrank marinieren. Wesentlich länger sollte der Fisch nicht in der Marinade liegen, weil diese dann seine Konsistenz angreift.

In der Zwischenzeit den Salat zubereiten. Das Öl in einer großen, beschichteten Pfanne erhitzen. Die Samen hineingeben und, sobald das Brutzeln nachlässt, Rotkohl, Karotten, Zwiebel sowie Salz und Pfeffer hinzufügen. Zunächst 3–4 Minuten bei hoher Temperatur braten, dabei ein- bis zweimal umrühren, dann den Herd ausschalten.

Den Backofen auf 220 °C vorheizen.

Den Fisch auf ein eingeöltes Backblech legen und im Backofen 8 Minuten braten, bis er gebräunt ist und zerfällt, wenn man ihn einsticht. Gleichzeitig die Tortillas (falls verwendet) in Folie einwickeln und unten in den Ofen legen, während der Fisch gart.

Fisch, Tortillas, Joghurt, Korianderchutney, Avocado und Krautsalat separat servieren, damit jeder sie nach Wunsch zusammenstellen kann. Ich persönlich verstreiche eine großzügige Menge Chutney über der Tortilla, lege mir Avocadoscheiben darüber, den Salat und dann den Fisch, und dazu gönne ich mir einen großzügigen Klecks Joghurt.

Ergibt 4 Portionen

Für die Marinade
2 Knoblauchzehen, zerrieben
20 g Ingwer, gerieben
3 EL Zitronensaft
1½ TL gemahlener Kreuzkümmel
2 EL Kichererbsenmehl
1¼ TL Chilipulver
¾ TL Königskümmelsamen (im Handel als *Ajowan* erhältlich)
2 TL getrocknete Bockshornklee-blätter, mit den Fingern zerkleinert
1 EL Pflanzenöl zzgl. etwas für das Backblech
Salz und frisch gemahlener schwarzer Pfeffer

Für die Fisch-Tacos
175 g griechischer Joghurt
4 dicke Lachsfilets (à 125 g)
8 kleine oder 4 große Mais-Tortillas (optional)
8 EL Pikantes Korianderchutney (s. S. 154)
1 kleine Avocado, in dünne Scheiben geschnitten

Für den warmen Krautsalat
1 EL Pflanzenöl
⅔ TL braune Senfsamen
⅔ TL Schwarzkümmelsamen
160 g Rotkohl, geraspelt
80 g Karotten, in feine Streifen geschnitten
1 kleine rote Zwiebel, in dünne Ringe geschnitten

Pikantes Maisbrot mit Paprika und Feta

Im ländlichen Punjab gibt es eine fantastische Mahlzeit, die aus eine Kombination lokaler Kohlarten besteht, die mit viel Butter gekocht werden. Dazu werden gebratene Maisfladen-brote serviert. Das hat mich zum Nachdenken über eine moderne, einfachere Version des Fladenbrots gebracht, die nach wie vor mit viel herrlichem Mais zubereitet wird. Ich habe das Brot pikant verfeinert und es ist absolut wunderbar. Es schmeckt herrlich zu vielen Gerichten in diesem Buch. Versuchen Sie es mit den Rauchigen heißen Linsen (s. S. 43).

Den Backofen auf 220 °C vorheizen. Ein Springform von 23cm Ø mit Backpapier auslegen.

Das Öl in einer großen, beschichteten Pfanne erhitzen und die Kreuzkümmelsamen darin leicht anrösten. Sobald sie zu duften beginnen, Frühlingszwiebeln, Paprika, Chilischote und Butter dazugeben und 4–5 Minuten braten, bis die Paprika weich ist.

Polenta, Mehl, Backpulver, Salz und Natron in einer Schüssel vermischen und in der Mitte eine Mulde bilden. Eier, Joghurt und Milch in einer kleinen Schüssel mischen, in die Mulde gießen und alles zu einem Teig verrühren. Die Zwiebel-Paprika-Mi-schung einrühren, den Feta hinzugeben und den Teig in die vorbereitete Backform gießen.

Das Maisbrot 20–25 Minuten backen. Mit einem Zahnstocher eine Garprobe ma-chen. Das Maisbrot ist fertig, wenn an dem in die Mitte gesteckten Zahnstocher kein Teig mehr kleben bleibt. Die Backform aus dem Ofen nehmen und auf einem Kuchengitter abkühlen lassen. Das Brot aus der Springform nehmen, das Backpa-pier abziehen, in Stücke schneiden und servieren.

Ergibt 8–10 Portionen

1 EL Pflanzenöl
1 TL Kreuzkümmelsamen
4 kleine Frühlingszwiebel, gehackt
½ große rote Paprika, gehackt
1 grüne Chilischote, fein gehackt
25 g Butter
125 g feine Polenta
125 g Weizenmehl, gesiebt
2 TL Backpulver
⅔ TL feines Meersalz
½ TL Natron
2 Eier
100 g Naturjoghurt
200 ml Vollmilch
75 g Feta oder ähnlich herz-hafter Käse, zerbröckelt

Tandoori-Hähnchenflügel

Dieses fabelhaftes Rezept lässt sich großartig während der Woche oder am Wochenende zum gemütlichen Beisammensein mit Freunden oder der Familie zubereiten. Es sind dafür nur zwei wirklich einfache Arbeitsschritte notwendig. Einfaches Gemüse, Kartoffeln oder Salat passen als Beilage.

Alle Gewürze, Salz, Pfeffer, Joghurt, geriebenen Ingwer und zerriebenen Knoblauch mit einem Prürierstab zu einer glatten Paste verarbeiten. Die Hähnchenflügel rundherum mit einem spitzen Messer einstechen, in eine flache Schale legen, die Marinade darübergeben, abdecken und mindestens für 20 Minuten, oder besser ein paar Stunden, in den Kühlschrank stellen.

Vor der weiteren Zubereitung das Fleisch aus dem Kühlschrank nehmen und wieder auf Zimmertemperatur bringen. Den Backofen auf 220 °C vorheizen. Die Hähnchenflügel dicht aneinandergereiht in einer Schicht in eine feuerfeste Auflaufform legen im Ofen für 30 Minuten braten. Alle 10 Minuten wenden.

Nachdem die Hähnchenflügel das erste Mal gewendet sind, das Pflanzenöl in einem kleinen Topf erhitzen. Gehackten Ingwer, gehackten Knoblauch, Chilischoten und Curryblätter hinzufügen und 1 Minute braten, bis der Knoblauch weich ist. Die Gewürzmischung zu den Hähnchenflügeln geben und diese bis zum Ende der Garzeit weiterbraten.

Heiß mit Zitronenspalten servieren.

Ergibt 3 Portionen

½ TL Kurkuma
½ TL Chilipulver
1 TL gemahlener Kreuzkümmel
1 TL gemahlener Koriander
150 g Naturjoghurt
20 g Ingwer, die Hälfte zerrieben, der Rest fein gehackt
7 große Knoblauchzehen, 2 zerrieben, der Rest fein gehackt
8 Hähnchenflügel, Flügelspitzen abgeschnitten (ggf. für eine Suppe zu verwenden)
2 EL Pflanzenöl
4–6 grüne Chilischoten, eingestochen
12 frische Curryblätter
Zitronenspalten zum Garnieren
Salz und frisch gemahlener schwarzer Pfeffer

Rauchige heiße Linsen

Ein Gericht, das wunderbar als vegetarische Hauptmahlzeit oder auch als Beilage geeignet ist. Es passt besonders gut zum Pikanten Maisbrot mit Paprika und Feta (s. S. 41). Die Linsen lassen sich ganz schnell zubereiten – es dauert nur 25 Minuten – und Sie können sie ganz unproblematisch wieder aufwärmen.

Die Linsen in einen Topf geben, mit Wasser bedecken und zum Kochen bringen. Zudecken, die Hitze reduzieren und 20–25 Minuten köcheln lassen, bis die Hülsenfrüchte ganz zart ist.

In der Zwischenzeit das Öl in einer großen, beschichteten Pfanne erhitzen. Die Zwiebeln hinzufügen und 3–4 Minuten bei mittlerer Temperatur braten. Knoblauch und Ingwer in die Pfanne geben und unter häufigem Rühren 1 Minute braten, bis der Knoblauch nicht mehr roh riecht. Wenn die Mischung am Pfannenboden kleben bleibt, einige Spritzer Wasser aus dem Wasserkocher hinzufügen. Tomaten, etwas Salz und alle Gewürze dazugeben und 5–6 Minuten weiterbraten, bis eine dicke Paste entsteht. Abschmecken – es sollte »rund« schmecken. Falls das Masala zu trocken wirkt, noch einige Spritzer Wasser aus dem Wasserkocher hinzufügen.

Sobald die Linsen gar sind, abgießen und abtropfen lassen, dabei aber die Kochflüssigkeit aufbewahren. Die Linsen zusammen mit dem Grünkohl (bei Verwendung) und ein wenig von dem Linsenkochwasser zu dem Masala in die Pfanne geben. Das Gericht sollte eine lockere Konsistenz bekommen, aber kein Curry sein. Für 2–3 Minuten, bis der Grünkohl zusammenfällt, dann probieren, nochmals mit Salz, Paprikapulver würzen und servieren.

Ergibt 4–5 Portionen

300 g Puylinsen (grüne Linsen)
3–4 EL Pflanzenöl
2 kleine Zwiebeln, gehackt
4 große Knoblauchzehen, zerrieben
10 g Ingwer, gerieben
3 Tomaten, püriert oder gehackt
2 TL gemahlener Koriander
2 TL gemahlener Kreuzkümmel
1 TL geräuchertes Paprikapulver (oder nach Geschmack)
1 TL Garam Masala
⅓ TL Chilipulver (oder nach Geschmack)
60 g Grünkohl, gehackt (optional)
Salz

Gebratene Stubenküken mit sonnengelbem Safranjoghurt

Ein Gericht, das den Sonnenschein an Ihren Tisch bringt. Es benötigt nur wenig Zeit zur Vorbereitung und kocht sich fast von selbst. Als Beilagen passen ein Salat und ein paar Kartoffeln oder knuspriges Weißbrot. Safran ist teuer. Er hat ein wunderbares Moschusaroma, aber das Gericht schmeckt auch ohne ihn ganz hervorragend. Sie können anstatt der Stubenküken auch ein ganzes Huhn braten. Das dauert 75–90 Minuten, je nach Größe.

Alle Zutaten für die Marinade mit einem Pürierstab oder einer Küchenmaschine zu einer glatten Paste verarbeiten. Die Stubenküken rundum mit einer Gabel einstechen, ausgenommen die Haut über der Brust. Jeden Vogel gründlich mit der Marinade einreiben und an der Brust auch unter der Haut etwas Marinade verteilen. Das Geflügel abdecken und mindestens für 1 Stunde, möglichst aber für mehrere Stunden, in den Kühlschrank stellen. Den Safran für den Joghurt (bei Verwendung) in eine Tasse mit heißer Milch (bei Verwendung) oder 1 EL heißes Wasser geben und beiseitestellen.

Vor der weiteren Zubereitung das Fleisch aus dem Kühlschrank nehmen und wieder auf Zimmertemperatur bringen. Den Backofen auf 150 °C vorheizen.

Die Stubenküken in eine Bratform legen und 40–45 Minuten braten, bis sie gar sind. Machen Sie eine Garprobe, indem Sie mit einer Messerspitze in die dickste Stelle eines Stubenkükens stechen. Der heraustretende Fleischsaft sollte durchsichtig sein. Falls er noch rosa ist, das Geflügel noch einige Minuten weiterbraten und dann erneut prüfen. Die fertigen Stubenküken aus dem Ofen nehmen, mit dem Bratensaft begießen, abdecken und 5 Minuten ruhen lassen.

Inzwischen Mayonnaise, Joghurt, Knoblauch, Zitronensaft, Koriandergrün, den größten Teil der Tomate, Safranflüssigkeit, Salz und Pfeffer mischen und abschmecken. Wenn möglich, für 10–15 Minuten ziehen lassen, damit der Safran Zeit hat, seine goldene Farbe zu entwickeln.

Die Stubenküken im Ganzen oder halbiert, mit dem verbliebenen Bratensaft beträufelt servieren. Den sonnengelben Safranjoghurt mit den restlichen Tomatenstückchen bestreut als Beilage dazustellen.

Ergibt 4 Portionen

4 Stubenküken

Für die Marinade

2 EL Olivenöl
8 EL griechischer Joghurt
8 große Knoblauchzehen, geschält
25 g Ingwer, grob gehackt
3 TL gemahlener Kreuzkümmel
2–4 grüne Chilischoten, Samen entfernt
1 gehäufter TL Kurkuma
2 EL frisch gepresster Zitronensaft
2 TL Salz

Für den Joghurt

1 großzügige Prise Safran
1 EL heiße Milch (optional)
3 gehäufte EL Mayonnaise
225 g griechischer Joghurt
1 große Knoblauchzehe (oder nach Geschmack), zerrieben
½ TL frisch gepresster Zitronensaft
30 g Koriandergrün, gehackt
1 große reife Tomate, gehackt
frisch gemahlener schwarzer Pfeffer

SLOW & EASY

Eintopf mit Frikadellen, Eiern und würzigen Tomaten

Dies ist eine schöne, einfach zuzubereitende Mahlzeit. Anstelle des Lammhackfleisches können Sie auch kleingeschnittenes Hähnchenfleisch verwenden. Als Beilage passt Reis oder ein indisches Brot. Es dauert ein wenig länger als einige der anderen Gerichte in dem Buch, aber es ist auf jeden Fall wert, in Ihr Repertoire aufgenommen zu werden.

Mit der Tomatensauce beginnen. Das Pflanzenöl in einer großen Bratpfanne mit Deckel erhitzen. Die Zwiebel hinzufügen und so lange braten, bis sie goldbraun ist. Die Knoblauchzehen hinzufügen und diese 1 Minute braten. Kreuzkümmel und Kurkuma 20 Sekunden einrühren, anschließend Tomaten, etwas Salz und Pfeffer, Zucker und 50 ml Wasser hinzufügen. Zum Kochen bringen, dann die Temperatur reduzieren und 15–20 Minuten köcheln lassen, bis die Tomaten gar sind. Abschmecken – es sollte »rund« schmecken – und eventuell nachwürzen.

Inzwischen alle Zutaten für die Fleischbällchen mischen und großzügig mit Salz und Pfeffer würzen. Aus der Fleischmasse Kugeln, etwas kleiner als eine Walnuss, formen. Die Fleischbällchen in die Pfanne geben, den Deckel aufsetzen und den Eintopf für weitere 16–18 Minuten köcheln lassen. Nach der Hälfte der Garzeit die Fleischbällchen wenden.

Die Pfanne abdecken und, falls notwendig, ein wenig Wasser hinzufügen. In den Eintopf vier kleine Vertiefungen drücken und die Eier in diese hinein aufschlagen. Den Deckel wieder aufsetzen und nochmals 4–5 Minuten köcheln, bis die Eier die gewünschte Konsistenz haben. Nachmals abschmecken, mit Korianderblättern garnieren und servieren.

Ergibt 4 Portionen

Für die Tomaten und die Eier

3 EL Pflanzenöl
1 Zwiebel, fein gehackt
2 große Knoblauchzehen, zerrieben
½ TL gemahlener Kreuzkümmel
¼ TL Kurkuma
3 große reife Tomaten (etwa 450 g), gehackt
1 große Prise Zucker
4 Eier
30 g Korianderblätter, gehackt, zum Garnieren
Salz und frisch gemahlener schwarzer Pfeffer

Für die Fleischbällchen

250 g Lammhackfleisch
15 g Korianderblätter und -stiele, gehackt
2 Knoblauchzehen, fein gehackt
10 g Ingwer, fein gehackt
½ TL Garam Masala
½ TL gemahlener Kreuzkümmel
Salz und frisch gemahlener schwarzer Pfeffer

MITTAGESSEN
FÜR FREUNDE

Panir-Salat mit Kräutern und Zitrone

Dieser erfrischende und sättigende Salat eignet sich auch als Hauptgericht. Hausgemachter Panir (siehe unten) ist zart, und die Zubereitung ist einfach und macht Spaß. Man braucht nur Milch, Zitronensaft oder Joghurt, eine Pfanne und ein Sieb. Wenn Sie den Panir nicht selbst zubereiten möchten, können Sie Büffelmozzarella oder Feta verwenden oder fertigen Panir kaufen. Diesen müssen Sie dann 10 Minuten in gerade nicht mehr kochendem Wasser einweichen, damit er vor der Verwendung etwas weicher wird.

Alle Zutaten für das Dressing glatt rühren, bis sie leicht emulgieren. Ich verwende dafür einen Pürierstab.

Panir, Gurke, Radieschen und Zwiebel im Dressing schwenken und etwa 5 Minuten ziehen lassen. Dann die Salatblätter und die Nüsse unter den Salat heben und ihn mit den Avocadoscheiben servieren.

Ergibt 2 Portionen als Hauptgericht oder 4 Portionen als Beilage

Für das Dressing
4 EL natives Olivenöl Extra
1 kleine Knoblauchzehe, zerrieben
2 EL frisch gepresster Zitronensaft
¼ TL Chat Masala
30 g gemischte Kräuter (mindestens drei Sorten, z. B. Minze, Dill, Koriandergrün, Petersilie, Schnittlauch)
¼ rote Chilischote, fein gehackt
1 El Crème fraîche (optional)
1 TL Dijonsenf
1 großzügige Prise Zucker

Für den Salat
200 g Panir, im Idealfall selbst gemacht, siehe unten, horizontal in dünne Scheiben oder in Würfel geschnitten
100 g Gurke, in lange Stifte geschnitten
100 g Radieschen, in dünne Scheiben geschnitten
¼ rote Zwiebel, in Ringe geschnitten
60 g Babysalatblätter
25 g in Honig geröstete Cashewkerne (oder andere Nüsse)
1 kleine Avocado, in Scheiben geschnitten

Das gewisse Extra: *Selbst gemachter Panir*

In einem Topf mit schwerem Boden 2 l Vollmilch zum Kochen bringen, dabei häufig umrühren und über den Pfannenboden schaben, damit die Milch nicht ansetzt. Etwa 5 Minuten kochen, dann den Saft von 1 Zitrone dazugeben (oder 250 Joghurt). Umrühren, während die Mischung sich in Käsebruch und Molke trennt. Ein Sieb mit einem Baumwolltuch auslegen, in die Spüle stellen und den Inhalt des Topfs hineingießen. Das Tuch über dem Frischkäse zusammenbinden und am Wasserhahn aufhängen, 20 Minuten abtropfen lassen. Jetzt, immer noch mit dem Tuch umwickelt, den Frischkäse zu einem 2,5 cm dicken Fladen ausrollen und auf ein Brett legen. Das Brett wieder in die Küchenspüle legen und eine mit Wasser gefüllte Pfanne daraufstellen. Dann 1–2 Stunden abtropfen lassen, damit der Panir fest wird, oder etwas kürzer, damit er weicher wird. Den fertigen Panir im Kühlschrank in Wasser aufbewahren und innerhalb von 2 bis 3 Tagen verbrauchen. Vor dem Kochen einfach 10 Minuten in gerade nicht mehr kochendem Wasser einweichen, damit er weicher wird. Ergibt 250 g.

Rustikal gewürzte Spinattarte

Bei dieser einfachen Tarte schmeckt man die vielfältigen Aromen Indiens. Zugegeben, Sie brauchen hierfür 30 Minuten Vorbereitungszeit, aber wenn Sie die einzelnen Zutaten im Voraus zubereiten, können Sie die Tarte innerhalb von wenigen Minuten zusammenstellen, um sie zu backen. Ich mache den Mürbeteig selbst, weil mir das Spaß macht, aber Sie können auch fertigen kaufen – am besten einen, der ausschließlich mit Butter gemacht wurde.

Wenn Sie den Teig selbst zubereiten, die Butter in einer großen Schüssel mit zwei Gabeln etwas zerkleinern – es werden noch einige größere Butterstücke übrig bleiben. Salz und 8 EL eiskaltes Wasser – ich gebe dazu Eiswürfel in Wasser – dazugeben und alles mit einer Gabel zu einem Teig verrühren. Fertig ist der Teig, sobald er zusammenbleibt, wenn Sie ihn in die Hand nehmen. Falls nicht, kleine Spritzer Wasser dazugeben. Dann den Teig zu einer Kugel formen. Zu einem 10-cm-Fladen ausrollen, in Frischhaltefolie einwickeln und mindestens 30 Minuten im Kühlschrank ruhen lassen.

In der Zwischenzeit den Spinat in einem Topf mit kochendem Wasser blanchieren, bis er zusammenfällt – das dauert nur wenige Sekunden. In ein Küchensieb abgießen, mit kaltem Wasser abspülen und beiseitestellen. Sobald der Spinat soweit abgekühlt ist, dass man ihn anfassen kann, mit den Händen ausdrücken, um so viel Wasser wie möglich herauszupressen.

Das Öl und die Butter in einer Pfanne erhitzen. Die Zwiebel hineingeben und anbraten, bis sie weich und an den Rändern goldbraun wird. Den Knoblauch hinzufügen und 1 Minute braten. Die Gewürze dazugeben und einige Minuten lang verrühren. Spinat, Dill, Zitronensaft und etwas Salz hinzufügen. Einige Minuten weiterbraten, bis sich die Zutaten verbunden haben und alle überschüssige Flüssigkeit verdampft ist. Abschmecken und noch einmal nach Geschmack mit Salz und Pfeffer sowie Zitronensaft nachwürzen. Abkühlen lassen.

Den Ofen auf 200 °C vorheizen. Den Teig auf mit Mehl bestäubtem Backpapier ausrollen, bis er einen Ø von etwa 25 cm hat – oder ein rundes Teigstück mit diesem Durchmesser aus einem fertigen Mürbeteig ausstechen. Die Spinatmischung gleichmäßig auf dem Teigboden verteilen, dabei am Rand 3,5 cm frei lassen. Dann die Chilischote und die Tomaten darauf verteilen. Nun den Teigrand über die Füllung nach oben klappen und die Spinattarte auf ein Backbleck setzen. Im Ofen 35–40 Minuten backen, bis der Teig leicht goldbraun und knusprig ist. Heiß oder warm servieren.

Schneller: *Fertig gekaufter Teig*

Ergibt 4–5 Portionen

Für den Teig (alternativ fertiger Mürbeteig)

90 g gekühlte Butter, in 2 cm große Würfel geschnitten
175 g Weizenmehl zzgl. etwas zum Bestäuben
Salz

Für die Füllung

600 g Spinat, zerpflückt (bei Babyspinat die Blätter im Ganzen verwenden) gewaschen
2 EL Pflanzenöl
25 g Butter
1 große Zwiebel, gehackt
5 große Knoblauchzehen, gehackt
1 TL gemahlener Kreuzkümmel
1 TL gemahlener Koriander
30 g Dill, gehackt
4 TL frisch gepresster Zitronensaft (oder nach Geschmack)
1 große rote Chilischoten, in dünne Scheiben geschnitten
1 kleine Tomate, gehackt

BUND FRISCHE CURRYBLÄTTER

Ich finde es erstaunlich, dass Curryblätter nicht in jedem Supermarkt erhältlich sind. Die scharfen, duftenden und aromatischen Blätter bereichern so viele indische und auch andere südostasiatischen Gerichte. Die getrockneten Blätter sind da wirklich nur ein schlechter Ersatz – wenn Sie also in einem indischen Geschäft oder einem großen Supermarkt frische finden, sollten Sie diese unbedingt auf Vorrat mitnehmen. Sie lassen sich hervorragend einfrieren.

20-Minuten-Baby-Tintenfisch von der indischen Westküste

Schneiden Sie den Tintenfisch ein und hacken Sie die Zwiebel. Dieses supereinfache Gericht ist von den Aromen der indischen Westküste inspiriert. Ich verwende Baby-Tintenfisch, weil er so zart ist, aber Sie können auch „normalen" Tintenfisch nehmen – der braucht nur 30 Sekunden länger. Zu diesem herrlich sommerlichen Gericht passen Reis oder knuspriges Weißbrot.

Die Tintenfischtuben längs halbieren und jeweils auf einer Seite in einem Rauten-muster einschneiden. In ¼ TL Kurkuma und ¼ TL Salz schwenken und beiseitestellen.

2 EL Öl in einer Pfanne erhitzen. Die Hälfte der Curryblätter 10 Sekunden lang an-rösten, dann die Zwiebel und die grünen Chilischoten dazugeben; weiterbraten, bis die Zwiebel weich ist und an den Rändern Farbe bekommt.

Den Knoblauch und den Ingwer hinzufügen und 1 weitere Minute anbraten, bis der Knoblauch gar duftet. Die Tomaten, die Gewürze – einschließlich des restlichen ½ TL Kurkuma – und etwas Salz dazugeben. Einen Spritzer Wasser hinzufügen und alles etwa 10 Minuten bei mittlerer Temperatur braten, bis das Masala eindickt und an den Rändern Öl freisetzt. Das Masala sollte harmonisch schmecken. Dann 75 ml heißes Wasser und den Zitronensaft dazugeben und den Herd ausschalten.

Das restliche Öl in einem großen Wok stark erhitzen, die verbliebenen Curryblätter und den Tintenfisch hineingeben. Nur 40 Sekunden in dem heißen Öl anbraten, dann das Masala dazugeben, schwenken, um den Tintenfisch gründlich zu bede-cken, und weitere 30 Sekunden garen. Heiß servieren.

Ergibt 4 Portionen

400 g Baby-Tintenfisch, vom Fischhändler geputzt
¾ TL Kurkuma
3 EL Kokos- oder Pflanzenöl
16–18 frische Curryblätter
1 Zwiebel, fein gehackt
1–2 grüne Chilischoten, einge-stochen
4 große Knoblauchzehen, zerrieben
15 g Ingwerwurzel, gerieben
2 kleine Tomaten, püriert
⅔ TL Garam Masala
1 TL gemahlene Fenchelsamen
½ TL gemahlener Kreuzkümmel
1 EL frisch gepresster Zitronen-saft (oder nach Geschmack)
Salz und 1 TL frisch gemahlener schwarzer Pfeffer

Schneller:
*Gekauftes
Tamarinden-
Dattel-
Chutney*

Schnell gegrilltes Schweinefleisch mit Nudeln und Kokosbrühe

Dieses facettenreiche Gericht mit süßem, dezent scharfem Schweinefleisch schmeckt perfekt mit einem Tamarindenchutney, das Sie entweder kaufen oder schnell selbst zubereiten können (s. S. 155). Die Kokosbrühe begeistert mit ihrem intensiven Aroma und lässt sich gut vorbereiten. Für die Fleischspieße brauchen Sie acht Bambusspießchen.

Die Bambusspießchen mindestens 30 Minuten in Wasser einweichen, während Sie das Essen zubereiten.

Die Zutaten für die Marinade verrühren, zusammen mit 1 TL Salz, bis der Zucker sich auflöst. Das Schweinefilet diagonal in ¾–1 cm dicke Scheiben schneiden und in einen tiefen Teller legen. Die Marinade darübergeben, die Schweinefleischscheiben darin wenden, damit sie rundum bedeckt sind, und marinieren, während Sie die Brühe zubereiten.

Das Öl für die Brühe in einer großen, beschichteten Pfanne erhitzen. Die Senfsamen hineingeben und – sobald das Brutzeln nachlässt – Curryblätter, Zwiebel, Paprika sowie etwas Salz und Pfeffer hinzufügen. Alles bei mittlerer Temperatur braten, bis Zwiebel und Paprika weich werden. Ingwer und Knoblauch dazugeben und unter Rühren 1 Minute braten. Falls der Knoblauch am Pfannenboden haften bleibt, einen Spritzer Wasser hinzufügen. Chilischote, Kokosmilch, Hühnerbrühe und Garam Masala hinzufügen, zum Kochen bringen, dann die Hitze reduzieren und die Brühe 10 Minuten köcheln lassen. Abschmecken und mit Salz nachwürzen, eventuell schwarzen Pfeffer nach Geschmack dazugeben.

Während die Kokosbrühe köchelt, den Grill des Backofens vorheizen und das Backofengitter auf der obersten Schiene platzieren. Das Schweinefleisch so auf die eingeweichten Spieße ziehen, dass die Scheiben flach bleiben (siehe Foto), und von beiden Seiten jeweils 2–3 Minuten grillen.

In der Zwischenzeit die Nudeln entsprechend der Packungsanleitung kochen und direkt in die vorgewärmten Schüsseln geben. Die Kokosbrühe darüberlöffeln, mit den Korianderblättern und den Schweinefleischspießchen garnieren und servieren.

Ergibt 4 Portionen

Für die Marinade
5 El Tamarinden-Dattel-Chutney (gekauft oder s. S. 155)
1 gestrichener TL Zucker
15 g Ingwer, gerieben
3–4 Knoblauchzehen, zerrieben
1 EL Pflanzenöl
Salz und frisch gemahlener schwarzer Pfeffer

Für das Fleisch
1 großes Schweinefilet
200 g Reisnudeln
25 g Korianderblätter

Für die Kokosbrühe
3 EL Pflanzenöl
1 TL Senfsamen
16–18 frische Curryblätter
1 große Zwiebel, in Ringe geschnitten
1 kleine rote Paprika, in dünne Scheiben geschnitten
25 g Ingwer, in Juliennes geschnitten
4 große Knoblauchzehen, gehackt
1 kleine rote Chilischote, in dünne Ringe geschnitten
400 ml Kokosmilch
400 ml Hühnerbrühe
1 TL Garam Masala
Salz und frisch gemahlener schwarzer Pfeffer

Pilze in einer kräftigen Brühe

Dieses Gericht ist viel leichter als ein Curry, aber ebenso aromatisch – und eignet sich deshalb ideal für eine leichtere Mahlzeit. Sie brauchen eine Auswahl mehrerer Pilze, um verschiedene Konsistenten und Aromen zu kombinieren; ich vermeide deshalb Champignons, weil sie von beidem nicht viel zu bieten haben. Dazu können Sie Quinoa mit Kreuzkümmel und geräucherten Mandeln servieren (s. S. 143), um eine besonders gesunde Mahlzeit zu haben, oder einfach Reis.

Mit der Brühe anfangen. Die getrockneten Pilze in 75 ml gerade nicht mehr kochendem Wasser einweichen. Das Öl in einer großen, beschichteten Pfanne erhitzen. Pfefferkörner, Kardamom und Zwiebel hineingeben und bei hoher Temperatur anbraten, bis die Zwiebel an den Rändern braun wird, dann Ingwer und Knoblauch hinzufügen, die Temperatur reduzieren und unter Rühren weitere 30–40 Sekunden braten. Das Tomatenmark, die Shiitakepilze und etwas Salz dazugeben und einige Minuten weiterbraten, bis die Pilze Farbe angenommen haben. Die Gemüsebrühe und die Sojasauce dazugießen. Die eingeweichten Pilze abtropfen, dabei die Einweichflüssigkeit aufheben, und die Pilze zusammen mit dem größten Teil der Flüssigkeit in die Pfanne geben, aber ohne den Bodensatz. Zum Kochen bringen, dann die Temperatur reduzieren und 30 Minuten köcheln lassen, bis die Brühe auf die Hälfte eingekocht ist. Etwas abkühlen lassen und dann durch ein Sieb abgießen. Dabei stark auf die festen Bestandteile drücken, um möglichst alle Flüssigkeit durch das Sieb zu pressen. Die festen Bestandteile entsorgen und die Brühe aufheben.

Jetzt die gewürzten Pilze zubereiten. Das Öl in einer großen, breiten Pfanne erhitzen. Die Chilischoten und die Senfsamen hineingeben. Sobald die Senfsamen geplatzt sind, die Curryblätter und den Ingwer hinzufügen und braten, bis der Ingwer braun wird. Die Pilze und eine großzügige Prise Salz dazugeben und braten, bis die Pilze goldbraun sind und das Wasser, das sie freisetzen, verdampft ist. Tomate, Kreuzkümmel und Pilzbrühe hinzufügen und zum Köcheln bringen. Mit Salz und schwarzem Pfeffer abschmecken und servieren.

Ergibt 4 Portionen

Für die Brühe
20 g getrocknete Pilze
2 EL Pflanzenöl
1 EL schwarze Pfefferkörner
2 schwarze Kardamomkapseln (optional)
1 große Zwiebel, in Ringe geschnitten
20 g Ingwer, grob gehackt
4 große Knoblauchzehen, grob gehackt
2 TL Tomatenmark
350 g Shiitakepilze
1 l Gemüsebrühe oder Wasser
1 El Tamari- oder dunkle Sojasauce
Salz

Für die würzigen Pilze
2 EL Pflanzenöl
2 getrocknete rote Chilischoten
½ TL Senfsamen
12 frische Curryblätter
10g Ingwer, in Juliennes geschnitten
350 g gemischte Pilze, in Scheiben geschnitten oder in große Stücke zerteilt (Austernpilze, Kastanienchampignons und Shiitakepilze)
1 Tomate, fein gehackt
¾ TL gemahlener Kreuzkümmel
Salz und frisch gemahlener schwarzer Pfeffer

Warmer Salat mit knuspriger Ente und Physalis

Ein wirklich fantastischer Salat, den man als Vorspeise, als leichtes Hauptgericht oder auf einer großen Platte mit anderen Salaten und leichten Gerichten für mehrere Gäste servieren kann. Ich liebe diese Art zu essen. So kann jeder so viel essen oder probieren, wie er möchte.

Ergibt 4 Portionen

Für den Salat

2 große Entenbrustfilets
1 Stück Gurke (15 cm)
1 kleine rote Zwiebel, in dünne
　Ringe geschnitten
150 g Physalis
120 g gemischte Salatblätter
　(ich verwende Brunnenkresse,
　Spinat und Eisbergsalat)
70 g in Honig geröstete
　Cashewkerne
30 g Minzeblätter
Salz und frisch gemahlener
　schwarzer Pfeffer

Für das Dressing

3 EL Sherryessig
3 EL natives Olivenöl Extra
30 g Ingwer, gerieben
6 TL flüssiger Honig

Den Backofen auf 180 °C vorheizen. Das überschüssige Fett und die Haut von den Rändern der Entenbrustfilets entfernen. Dann die restliche Haut mit einem scharfen Messer leicht einritzen. Jedes Entenbrustfilet auf der Hautseite gründlich mit Salz und Pfeffer einreiben. Umdrehen und auf der Fleischseite nur salzen. Eine große, ofenfeste und beschichtete Pfanne stark erhitzen. Die Entenbrustfilets mit der Hautseite nach unten hineinlegen, dann die Temperatur auf die niedrigste Stufe schalten. Zunächst 8 Minuten braten, bis die Entenbrustfilets goldbraun und knusprig sind, dann umdrehen und die Pfanne 6–8 Minuten, je nach Dicke der Filets, in den Ofen stellen.

In der Zwischenzeit die Gurke erst quer halbieren, dann die beiden Hälften jeweils längs halbieren. Mit einem Löffel die Samen entfernen und wegwerfen, dann das Gurkenfleisch in Juliennes schneiden.

Alle Zutaten für das Dressing mit 1½ EL Wasser verquirlen und beiseitestellen.

Die Entenbrustfilets aus dem Ofen nehmen, sobald sie gar sind, und ruhen lassen. Das überschüssige Fett bis auf etwa 1 EL aus der Pfanne entfernen. Die Pfanne wieder erhitzen und die Zwiebel 1 Minute anbraten, bis sie leicht gebräunt ist. Die Physalis und das Dressing dazugeben und 40 Sekunden warten, bis alle Zutaten warm sind. Den Herd ausschalten, das Dressing abschmecken und eventuell nachwürzen.

Die Ente nach etwa 5 Minuten in dünne Scheiben schneiden. Die Scheiben zusammen mit den restlichen Zutaten für den Salat im Dressing schwenken und servieren.

Filoteigtarte mit Butternut-Kürbis, Pilzen und Crème fraîche

Diese Tarte für besondere Anlässe lässt sich leicht zubereiten und wirkt beeindruckend, obwohl man dafür keine künstlerischen Fähigkeiten benötigt. Die Pilze bereichern die Tarte um ein herzhaftes, würziges Element, das herrlich mit dem süßen Butternut-Kürbis kontrastiert. Die Crème fraîche verbindet alles. Dieses Gericht ist so leicht und knusprig, dass man es wunderbar im Sommer essen kann, aber Sie können es natürlich auch im Herbst zubereiten, wenn der Butternut-Kürbis Hochsaison hat. Ein grüner Salat passt bestens dazu.

Den Backofen auf 220 °C vorheizen. Den Butternut-Kürbis in eine Backform geben und 20 Minuten in den Backofen stellen, bis er weich ist. Aus dem Ofen nehmen und beiseitestellen.

In der Zwischenzeit alle Zutaten für die Marinade verrühren. Die Pilze vorbereiten: Die kleinen Shiitake- und Austernpilze ganz lassen, die anderen halbieren. Die Pilze in der Marinade schwenken und darauf achten, dass alle Stücke bedeckt sind.

Die marinierten Pilze auf ein Backblech geben und versuchen, sie so zu verteilen, dass sie nicht übereinanderliegen. Zusammen mit dem Kürbis 15 Minuten backen, dabei nach der Hälfte der Zeit umdrehen, bis die Pilze ihre Flüssigkeit abgeben und beginnen, im verbliebenen Öl zu brutzeln und auf beiden Seiten braun zu werden. Die Pilze und den Kürbis aus dem Ofen nehmen.

Die Temperatur des Ofens auf 190 °C reduzieren und ein Backblech auf die mittlere Schiene schieben. Die Crème fraîche leicht salzen und pfeffern und das Ei hineinschlagen.

Eine Tarteform mit herausnehmbarem Boden und einem Ø von 20–22,5 cm buttern. Ein Blatt Filoteig großzügig mit geschmolzener Butter bestreichen und auf den Boden der Tarteform legen, dabei die Ränder überstehen lassen. Das nächste Blatt Filoteig quer darüberlegen, sodass es mit dem ersten ein Kreuz bildet. Drei weitere Blätter jeweils wieder in einem anderen Winkel darüberlegen. Den Kürbis gleichmäßig darauf verteilen, dann die Pilze. Zum Schluss die Crème-fraîche-Mischung darübergeben.

Die Teigränder über die Füllung klappen und an den Ecken etwas zusammendrücken – dann werden diese schön knusprig. Die letzten zwei Blätter Filoteig mit Butter bestreichen, locker zusammendrücken und mittig über der offenliegenden Füllung platzieren. Die Tarte auf das heiße Backblech stellen und 40 Minuten backen, bis der Teig goldbraun ist.

Die Tarte aus dem Ofen nehmen und etwa 5–10 Minuten abkühlen lassen, bevor Sie sie aus der Form nehmen. Heiß oder kalt mit einem einfachen grünen Salat servieren.

Ergibt 6 Portionen

Für die Tarte
200 g Butternut-Kürbis, geschält und in 2 cm große Würfel geschnitten
300 g gemischte Pilze (Shiitake, Austernpilze und Maronen), geputzt
8 El Crème fraîche
1 Ei
70 g Butter, zerlassen, zzgl. etwas für die Backform
7 Blätter Filoteig
Salz und frisch gemahlener schwarzer Pfeffer

Für die Tandoori-Marinade
1 große oder 2 kleine Knoblauchzehen, zerrieben
8 g Ingwer, gerieben
¼ TL Chilipulver
¾ TL Garam Masala
¾ TL gemahlener Kreuzkümmel
2 EL frisch gepresster Zitronensaft
4 EL Olivenöl

Salat mit scharf angebratenem Thunfisch und Pistazienkruste

Dieser besondere Salat schmeckt unvergesslich und sieht beeindruckend aus. Dabei lässt er sich aber ganz einfach zubereiten. Das ist das perfekte Mittagessen, um seinen Gästen eine Freude zu bereiten. Das Gericht eignet sich auch ideal als Hauptgericht für einen Sommertag mit Freunden oder für eine große Platte mit anderen Gerichten, die man sich mit mehreren teilt.

Die Pistazien für den Salat grob hacken, sodass ein paar davon schon gemahlen und andere eher noch stückig sind. Beiseitestellen.

Den Thunfisch auf beiden Seiten salzen und pfeffern.

Alle Zutaten für das Dressing mit 6 EL Wasser glatt rühren – am besten mit einem Pürierstab; abschmecken und eventuell nachwürzen, dabei noch eine großzügige Prise schwarzen Pfeffer dazugeben.

Radieschen, Zucchini, Fenchel, Kräuter, Zitronensaft, Kreuzkümmel und Chilischote in einer großen Schüssel mischen. Das Dressing dazugeben und schwenken, damit sich alles gut verteilt.

Das Öl in einer großen, beschichteten Pfanne bei mittlerer Temperatur erhitzen. Den Thunfisch in den gehackten Pistazien wälzen. In die Pfanne legen und 1–2 Minuten braten, dann wenden und weitere 1–2 Minuten braten, bis der Thunfisch die gewünschte Garstufe erreicht hat.

Die Salatblätter zum Dressing und zum Gemüse in der Schüssel geben, leicht unterheben und den Salat auf vier Teller verteilen. Die Thunfischstücke in dicke Scheiben schneiden, auf jeder Salatportion anrichten und servieren.

Ergibt 4 Portionen

Für den Salat
90 g Pistazien, geschält
2 große Thunfischsteaks, jeweils halbiert
200 g Radieschen, in dünne Scheiben geschnitten
2 kleine Zucchini, mit einem Sparschäler in Streifen geschnitten
1 große Fenchelknolle, in dünne Scheiben geschnitten
30 g Korianderblätter
25 g Minzeblätter
frisch gepresster Saft von ½ Zitrone
1 große Prise gemahlener Kreuzkümmel
1 große rote Chilischote, Samen entfernt, gehackt
1 EL Pflanzenöl
100 g gemischte Babysalatblätter (etwa 1 Handvoll pro Person)
Salz und frisch gemahlener schwarzer Pfeffer

Für das Pistaziendressing
90 g Pistazien, geschält
9 EL Olivenöl
6 EL frisch gepresster Zitronensaft
1 große Prise Zucker
frisch gemahlener schwarzer Pfeffer

Schnelle Wachteln nach der Schmetterlingsmethode

Dieses Gericht ist sagenhaft einfach zuzubereiten. Es dauert nur wenige Minuten – obwohl es noch besser schmeckt, wenn Sie die Wachteln 1 Stunde marinieren. Das wir ganz schnell eines Ihrer Lieblingsgerichte, versprochen. Dazu schmeckt ein Salat oder etwas Reis oder Gemüse. Die Schmetterlingsmethode ist einfach und unverzichtbar für alle, die schnell kochen wollen, weil das Geflügel somit viel weniger Zeit braucht, um gar zu werden. Servieren Sie dazu den Quinoa- und Kichererbsensalat mit Kräutern und einen Klecks Joghurt (s. S. 143) oder Süßkartoffeln mit Tamarinden-Chili-Glasur (s. S. 141).

Die „Schmetterlingsmethode" bei Wachteln geht ganz einfach: Einen Vogel mit der Brustseite nach unten auf eine Arbeitsfläche legen. Mit einer Küchenschere oder einer Geflügelschere entlang des Rückrats rechts und links aufschneiden, um dieses zu entfernen. Die Wachtel umdrehen und mit dem Handballen das Brustbein sanft herunterdrücken, um das Fleisch zu glätten. Die kleinen Schenkel leicht auseinanderfalten und mit einem Spießchen (falls verwendet), einen Schenkel und den diagonal gegenüberliegenden Flügel durchstechen. Den anderen Schenkel und Flügel auf die gleiche Weise durchstechen, sodass die beiden Spießchen sich in der Wachtel überkreuzen, wie auf dem Foto zu sehen. Dadurch behält der Vogel seine Form. Schmecken wird die Wachtel aber natürlich genauso gut, wenn Sie keine Spießchen zur Hand haben. Beide Seiten des Geflügels leicht salzen und pfeffern. Mit den übrigen Wachteln genauso verfahren.

Alle Zutaten für die Marinade vermischen und die Wachteln damit von beiden Seiten einreiben. Das Geflügel abdecken und im Kühlschrank 1 Stunde marinieren, besser über mehrere Stunden, wenn Sie genug Zeit haben.

Den Backofengrill vorheizen. Ein Backblech einölen oder mit Alufolie auslegen. Die Wachteln daraufaufen und das Backblech auf die mittlere Schiene schieben. Das Geflügel zunächst 8 Minuten grillen, dann umdrehen und weitere 4–5 Minuten grillen, bis die Wachteln gar und auf beiden Seiten goldbraun sind. Machen Sie eine Garprobe, indem Sie mit einer Messerspitze in die dickste Stelle des Geflügelfleisches stechen. Der heraustretende Fleischsaft sollte durchsichtig sein. Falls er noch rosa ist, die Wachteln noch einige Minuten weitergrillen und dann erneut prüfen. Sofort servieren.

Ergibt 4 Portionen

Für die Wachteln
4 Wachteln, mit der Schmetterlingsmethode vorbereitet (entweder von Ihrem Fleischer oder siehe Rezept: es ist ganz einfach)
8 Bambusspießchen (optional)
Pflanzenöl, für das Backblech
Salz und frisch gemahlener schwarzer Pfeffer

Für die Marinade
½ rote Zwiebel, fein gehackt
12 g Ingwer, gerieben
5 große Knoblauchzehen, zerrieben
½ TL gemahlener Zimt
2 gestrichene TL gemahlener Kreuzkümmel
2 gestrichene TL Garam Masala
½ TL Chilipulver
200 g Naturjoghurt
Zitronensaft
Salz und frisch gemahlener schwarzer Pfeffer

NACH DER ARBEIT

Supergesunde Mungobohnenkeimlinge mit knusprigem Spinat

Diesen überaus schmackhaften Salat serviere ich gerne Freunden oder esse ihn auch alleine als leichte Mahlzeit, weil er so lecker ist. Er passt auch perfekt zu den Scharfen 10-Minuten-Lammkoteletts (s. S. 84) oder zu einem einfachen gegrillten Steak. Sie können das Tamarindenchutney fertig kaufen oder selbst in nur wenigen Minuten ein Korianderchutney (s. S. 154) zubereiten. Falls Ihnen die Zutaten nicht zu Verfügung stehen, können Sie aber auch etwas Zitronensaft und etwas mehr Koriandergrün nehmen. Ich backe den Spinat, bis er knusprig wird – das schmeckt wie eine Offenbarung – aber sobald er in den Salat gegeben wird, muss man schnell essen, sonst wird er labbrig. Wenn der Spinat versehentlich zu lange gebacken hat, geben Sie etwas rohen Babyspinat dazu.

Den Backofen auf 160 °C vorheizen.

Die Spinatblätter und das Pflanzenöl in eine große Schüssel geben und diese schwenken, damit alle Blätter mit dem Öl ummantelt sind. Dann den Spinat auf ein oder zwei große Backbleche möglichst nah aneinanderliegend verteilen, aber nur in einer Lage. Leicht mit Salz würzen und 25 Minuten backen, bis die Blätter knusprig sind. Aus dem Ofen nehmen und zur Seite stellen.

In der Zwischenzeit die Bohnenkeimlinge 6–8 Minuten in Wasser kochen, bis sie al dente sind. Abtropfen lassen und in eine Schüssel geben. Tomate, Zwiebel, Koriandergrün und Korianderchutney hinzufügen und nach Geschmack salzen.

Den Joghurt mit dem Kreuzkümmel mischen, abschmecken und eventuell nachwürzen.

Vor dem Servieren den Joghurt auf die Teller verteilen. Darauf die Mischung mit den Bohnenkeimlingen geben, dann großzügig mit dem Tamarindenchutney beträufeln und schließlich den knusprigen Spinat darauf verteilen. Mit den Erdnüssen garnieren und sofort servieren.

Ergibt 2 Portionen als leichte Mahlzeit oder 4 Portionen als Beilage

100 g Babyspinatblätter, gründlich gewaschen, trocken getupft
2–3 EL Pflanzenöl
200 g gemischte Bohnenkeimlinge
1 große Tomate, fein gehackt
1 kleine rote Zwiebel, fein gehackt
25 g Koriandergrün, gehackt
6 EL Pikantes Korianderchutney (s. S. 154)
250 g griechischer Joghurt
⅓ TL gerösteter gemahlener Kreuzkümmel (s. S. 92)
120–135 ml Tamarindenchutney (gekauft oder selbst gemacht, s. S. 155)
30 g geröstete, gesalzene Erdnüsse, gehackt (optional)
Salz

Schneller:
Fertiges Tamarindenchutney

Cremiger Senffisch

Ein wundervolles, leichtes und köstliches Gericht, inspiriert von den Aromen der Region Bengalen. Ich finde, dass man dazu perfekt etwas Gemüse servieren kann – probieren Sie die Pikanten Erbsen (s. S. 140) oder die mit Dill gebratenen Kartoffeln (s. S. 139). Ich mag die Schärfe der Chilischoten in diesem Rezept, aber Sie können sie auch weglassen, wenn das Gericht milder sein soll. Wenn Sie Senföl verwenden, macht das das Gericht noch einmal aromatischer.

Den Fisch auf beiden Seiten mit Salz und Pfeffer würzen.

Die Hälfte des Öls in einer großen, beschichteten Pfanne erhitzen. (Wenn Sie Senföl verwenden, erhitzen, bis es den Rauchpunkt erreicht. Die Pfanne vom Herd nehmen und 30 Sekunden abkühlen lassen.) Die Pfanne wieder auf den Herd stellen. Getrocknete Chilischoten, Senf- und Schwarzkümmelsamen dazugeben und anbraten, bis das Brutzeln nachlässt. Zwiebel, grüne Chilischoten und etwas Salz hinzufügen und anbraten, bis die Zwiebel weich wird und an den Rändern gerade etwas Farbe annimmt.

Den Knoblauch dazugeben und bei niedriger Temperatur etwa 1 Minute anbraten, bis er gar ist, dann Koriander und Kurkuma zusammen mit einem Spritzer Wasser hinzufügen und 2–3 Minuten weiterbraten. Senf, Crème double und 200 ml Wasser dazugeben und zum Kochen bringen. Etwa 5 Minuten kochen lassen, damit die Aromen sich verbinden. Den Zitronensaft hinzufügen, abschmecken und eventuell nachwürzen. Die Senfsauce in eine Schüssel gießen und das Koriandergrün darüberstreuen. Die Pfanne auswischen.

Das restliche Öl hineingeben und stark erhitzen. (Wenn Sie Senföl verwenden, erhitzen, bis es den Rauchpunkt erreicht. Die Pfanne vom Herd nehmen und 30 Sekunden abkühlen lassen.) Die Temperatur zunächst auf der hohen Stufe belassen. Die Pfanne wieder auf den Herd stellen. Den Fisch mit Küchenpapier trocken tupfen und mit der Hautseite nach unten in die Pfanne legen. Etwa 30 Sekunden anbraten, dann die Hitze reduzieren. Noch 1 Minute weiterbraten, bis die Haut knusprig ist. Die Fischfilets vorsichtig wenden, und die Senfsauce dazugeben. Die Filets sollten bis zu einem Viertel ihrer Höhe von der Sauce bedeckt sein. Falls die Sauce nicht ausreicht, noch einen Spritzer Wasser aus dem Wasserkocher dazugeben. Weitere 2–3 Minuten leise köcheln lassen, bis der Fisch gar ist. Abschmecken, eventuell nachwürzen, Zitronensaft nach Geschmack dazugeben und servieren.

Ergibt 4 Portionen

4 Weißfischfilets (z. B. Dorsch) (à 150 g)
4 EL reines Senföl oder anderes Pflanzenöl
1–2 getrocknete Chilischoten (optional)
½ TL braune Senfsamen
½ TL Schwarzkümmelsamen (im Handel als *Nigella, Kalonij* oder *Schwarze Zwiebelsamen* erhältlich)
1 Zwiebel, in feine Ringe geschnitten
1–2 grüne Chilischoten, eingestochen (optional)
5 große Knoblauchzehen, zerrieben
1 EL gemahlener Koriander
½ TL Kurkuma
1 TL englischer Senf
50 g Crème double
2–3 TL frisch gepresster Zitronensaft (oder nach Geschmack)
25 g Koriandergrün, gehackt
Salz und frisch gemahlener schwarzer Pfeffer

Kokos-Kabeljau-Päckchen nach Art der Parsen

Auch dieses wirklich einfache Gericht lässt sich in wenigen Minuten vorbereiten und benötigt nur weitere 10 Minuten Garzeit. Traditionell packt man die Päckchen mit Bananenblättern, die das Gericht um ein weiteres Aroma bereichern, aber ich backe sie normalerweise in Alufolie, so wie hier. Wenn Sie jedoch Bananenblätter bekommen können, dann verwenden Sie unbedingt diese! Die Päckchen kann man dämpfen, backen oder braten – wenn Sie Bananenblätter verwenden, jeweils 5 Minuten auf beiden Seiten. Dazu passt ein einfacher Pilaw, Gemüse oder Salat.

Den Backofen auf 180 °C vorheizen.

Knoblauch, Zitronensaft, Öl oder Butter, Zucker, Koriandergrün, Chilischoten und Gewürze mit einem Pürierstab zu einer glatten Paste verarbeiten. Die Kokosnussraspel dazugeben und gründlich verrühren. Abschmecken und eventuell nachwürzen.

Die Kabeljaufilets auf beiden Seiten leicht mit Salz und Pfeffer würzen und mit der Gewürzpaste einreiben. Alle Fischstücke auf einem Stück Alufolie (oder einem Bananenblatt) platzieren und zu einem losen Umschlag falten. Dabei aber darauf achten, dass die Päckchen gut verschlossen sind und beim Garen nicht auslaufen können.

Die Päckchen je nach Dicke im Backofen 10–15 Minuten braten und heiß servieren.

Ergibt 4 Portionen

5 große Knoblauchzehen
3 EL frisch gepresster Zitronensaft
1 EL Pflanzenöl oder zerlassene Butter
1 ¾ TL Zucker
25 g Korianderblätter, -stiele und -wurzeln, gründlich gewaschen
1–2 grüne Chilischoten
1 TL gemahlener Kreuzkümmel
2 ½ TL gemahlener Koriander
50 g fein geraspelte Kokosnuss (Ich nehme aufgetaute tiefgefrorene Kokosraspel, s. S. 9)
4 große Kabeljaufilets
Salz und frisch gemahlener schwarzer Pfeffer

Schneller: *Tiefgefrorene Kokosraspel*

Gebratenes Frühlingsgemüse mit Nudeln und Erdnüssen

Auf indischen Speisekarten stehen häufig Vermicelli und Reisnudeln. Vermicelli werden vor allem in Nordindien verwendet. Reisnudeln überwiegen bei den Gerichten im Süden. Wenn Sie das Rezept mit feinen Vermicelli zubereiten, erhalten Sie ein geschmeidiges, etwas milderes Gericht. Die hier verwendeten Reisnudeln haben eine etwas kräftigere Konsistenz. Das Gericht schmeckt mit beiden Varianten fantastisch! Ich gebe gerne Edamame-Bohnen dazu, wegen ihres Proteingehalts, aber Sie können auch Dicke Bohnen oder Erbsen nehmen, wenn Sie die süßere Note bevorzugen. Als Beilage serviere ich Kokoschutney von der Küste (s. S. 154).

Das Öl in einer großen, beschichteten Pfanne erhitzen. Chilischoten und Senfsamen hineingeben und, sobald das Brutzeln nachlässt, Chana Dal und Curryblätter. Sobald die Linsen braun werden, Zwiebel, Ingwer, Salz und Pfeffer hinzufügen und 3–4 Minuten braten, dann Kurkuma dazugeben. Weitere 20 Sekunden braten, gründlich umrühren, dann das restliche Gemüse hinzufügen.

Nun weitere 2 Minuten unter Rühren braten, Reisnudeln und Zitronensaft dazugeben und nochmals 2 Minuten weiterbraten, bis die Nudeln weich sind, aber das Gemüse immer noch knackig ist. Kräuter und Erdnüsse einrühren und heiß oder warm servieren.

Ergibt 2 Portionen

2–3 EL Pflanzenöl
2 getrocknete rote Chilischoten
1 TL braune Senfsamen
2 TL gelbe Linsen (im Handel als *Chana Dal* erhältlich)
14 frische Curryblätter
1 rote Zwiebel, in dünne Ringe geschnitten
15 g Ingwer, fein geraspelt
¼ TL Kurkuma
1 große Karotte, geschält und in 7,5-cm-Stifte geschnitten
12 grüne Spargelstangen, Spitzen abgeschnitten, Stiele in feine Scheiben geschnitten
2 Frühlingszwiebeln, diagonal in feine Ringe geschnitten
100 g Edamame-Bohnen (alternativ Dicke Bohnen)
1 Paket feine Reisnudeln (300 g)
2–3 TL Zitronensaft (optional)
30 g Minze- oder Korianderblätter, fein gehackt
25 g geröstete, gesalzene Erdnüsse, leicht zerstoßen
Salz und frisch gemahlener schwarzer Pfeffer

10 Minuten Kochzeit

Knuspriger Fisch mit cremigem Kapernchutney

Dieses Gericht lässt sich so schnell und einfach zubereiten, dass Sie es immer wieder machen werden. Der Fisch ist saftig, die Grießkruste knusprig und das Chutney bildet einen kräuterigen, pikanten, cremigen Kontrast. Mit einem Salat oder Gemüse dazu wird daraus ein leichtes Gericht, aber man kann daraus auch zusammen mit einigen Salatblättern und Tomatenscheiben ein wundervolles Sandwich mit gebratenem Fisch machen.

Mit dem Fisch beginnen. In einer großen Schüssel Kurkuma, Olivenöl, ½ TL Salz und etwas schwarzen Pfeffer, Zitronenschale und -saft mit Knoblauch vermischen. Die Hautseiten aller Fischfilets jeweils drei Mal flach einritzen, dann die Filets in die Marinade legen und auf beiden Seiten gründlich damit einreiben. 20 Minuten in der Marinade lassen und währenddessen das Chutney zubereiten.

Für das Chutney den größten Teil des Koriandergrüns und der Minze mit Chilischote, Pistazien, Zitronensaft, Crème fraîche und der Hälfte der Kapern glatt rühren, am besten mit einem Pürierstab. Die restlichen Kräuter hacken und zusammen mit den restlichen Kapern und der Mayonnaise unterrühren. Abschmecken und eventuell nachwürzen.

Den Grieß mit jeweils ¼ TL Salz und Pfeffer würzen und auf ein großes Backblech oder einen großen Teller geben.

Das Pflanzenöl bei hoher Temperatur in einer großen, beschichteten Pfanne erhitzen. Falls Sie keine große Pfanne haben, in zwei Chargen braten. Die Fischfilets auf beiden Seiten gründlich im Grieß wenden und mit der Hautseite nach unten ins heiße Öl legen. Die Hitze auf mittlere Temperatur reduzieren und den Fisch 3 Minuten braten, bis die Hautseite goldbraun und knusprig ist, dann vorsichtig wenden und je nach Dicke weitere 1–2 Minuten braten.

Den Fisch zusammen mit einem großzügigen Löffel von dem cremigen Kapernchutney servieren.

Ergibt 4 Portionen

Für den Fisch
½ TL Kurkuma
1 ½ EL Olivenöl
abgeriebene Schale von 1 unbehandelten Zitrone zzgl. 3 TL frisch gepresster Zitronensaft
1 große Knoblauchzehe, zerrieben
4 Doraden- oder Seebarschfilets
120 g grobkörniger Grieß
4–5 EL Pflanzenöl
Salz und frisch gemahlener schwarzer Pfeffer

Für das Chutney
30 g Korianderblätter und -stiele, gründlich gewaschen
20 g Minzeblätter, gründlich gewaschen
1 grüne Chilischote, Stiel entfernt, Samen entfernt, wenn Sie es weniger scharf mögen
30 Pistazien (geröstet, wenn sie leichter erhältlich sind)
2 TL Zitronensaft
3 El Crème fraîche (oder Crème légère mit 20 % Fettgehalt)
2 ½ EL Kapern (möglichst Babykapern), gespült und abgetropft
2 EL Mayonnaise

Pikantes, superschnelles Garnelencurry

Ein wundervolles, cremiges Curry mit dem intensiven, runden Aroma sonnengetrockneter Tomaten, das so gut mit den Garnelen harmoniert. Dazu passen knuspriges Weißbrot, indische Brote, Reis und sogar Pasta! Vorausgesetzt, dass Sie alle Zutaten bereits zur Hand haben, können Sie mit dem Curry anfangen, wenn Sie das Wasser für den Reis oder die Pasta auf den Herd stellen, dann sollte beides ungefähr gleichzeitig fertig sein.

Das Öl in einem großen, beschichteten Topf erhitzen. Die Senfsamen hineingeben und, sobald diese aufgeplatzt sind, die Curryblätter dazugeben. Dann schnell den Knoblauch hinzufügen und 1 Minute braten, bis er gar duftet.

Tomaten, Tomatenmark, Gewürze und etwas Salz dazugeben und unter gelegentlichem Rühren braten, bis das Masala auf dem Boden der Pfanne Öl freisetzt.

Garnelen, Crème fraîche und einen großzügigen Spritzer Wasser hinzufügen und 3–4 Minuten köcheln lassen, bis die Garnelen gar sind. Abschmecken und eventuell nachwürzen, das Koriandergrün unterrühren und heiß servieren.

Ergibt 4 Portionen

2–3 EL Pflanzenöl
1 TL Senfsamen
8–10 frische Curryblätter
3 große Knoblauchzehen, zerrieben
2 große Tomaten, fein gehackt oder püriert
4 EL Tomatenmark (oder nach Geschmack)
½ TL Chilipulver
1 TL Garam Masala
½ TL Kurkuma
1 TL gemahlener Koriander
½ TL gerösteter gemahlener Kreuzkümmel (s. S. 92)
500 g rohe Garnelen, geschält, entdarmt und abgespült
3 EL Crème fraîche oder Sahne
30 g Koriandergrün, gehackt
Salz

Über 450 Jahre lang haben die Portugiesen über Goa geherrscht. In dieser Zeit wurde die lokale Küche natürlich von den portugiesischen Essgewohnheiten beeinflusst und die von den Eindringlingen mitgebracht Chorizo-Wurst entwickelte sich zu einer herrlichen scharfen Ergänzung. Hierzulande ist scharfe indische Chorizo schwierig zu finden, also kaufe ich normale portugiesische oder spanische Chorizo in meinem lokalen Delikatessengeschäft, das klappt hervorragend.

Goanischer Eintopf mit Hähnchen und Chorizo

Sie brauchen nur 5 Minuten lang zu schnippeln und zu braten – dann kocht sich dieses Gericht von alleine fertig. Und Sie müssen nur einen Topf abwaschen. Dazu können Sie geröstetes Weißbrot servieren oder, wenn Sie etwas mehr Zeit haben, Goanischen Tomatenreis (s. S. 80) oder Goanischen Kokosreis (s. S. 130 – diesen aber natürlich ohne Chorizo).

Das Öl in einem beschichteten Topf erhitzen und die Chorizo hineingeben. Auf beiden Seiten leicht anbraten, bis die Wurstscheiben Öl in der Pfanne freisetzen. Mit einem Schaumlöffel oder einer Gabel herausnehmen und beiseitestellen.

Die Zwiebel hineingeben und 6–7 Minuten braten, bis sie weich und an den Rändern goldbraun wird. Dann Ingwer, Knoblauch und Chilischoten dazugeben und 1 Minute braten, bis der Knoblauch gar duftet. Falls die Mischung am Pfannenboden festklebt, einen Spitzer heißes Wasser aus dem Wasserkocher dazugießen.

Die Gewürze, Salz und Pfeffer und einen kleinen Spritzer Wasser hinzufügen und weitere 40–50 Sekunden braten. Das Mehl einrühren und nach etwa 1 Minute Hähnchenschenkel und Hühnerbrühe oder Wasser dazugeben. Die Chorizo ebenfalls wieder in den Topf geben. Zum Kochen bringen, zudecken und 25 Minuten köcheln lassen, bis die Hähnchenschenkel durchgegart sind. Machen Sie eine Garprobe, indem Sie den dicksten Hähnchenschenkel an der dicksten Stelle anstechen. Der heraustretende Fleischsaft sollte durchsichtig sein. Falls er noch rosa ist, die Hähnchenschenkel noch einige Minuten weiterkochen und dann erneut prüfen. Nach etwa 20 Minuten den Deckel abnehmen und, wenn die Sauce zu dünn ist, überschüssige Flüssigkeit verkochen lassen oder etwas Wasser aus dem Wasserkocher dazugießen, wenn die Sauce eher zu dick ist.

Die Tamarindenflüssigkeit dazugeben und abschmecken. Eventuell das Fleisch von den Knochen lösen und wieder in die Sauce geben. Heiß servieren.

Ergibt 4–6 Portionen

2 EL Pflanzenöl
4 frische Chorizo (jeweils 7,5–10 cm lang), in Scheiben geschnitten
1 große Zwiebel, fein gehackt
15 g Ingwer, gerieben
4 große Knoblauchzehen, zerrieben
1–2 grüne Chilischoten, eingestochen
1½ TL gemahlener Koriander
1 TL Garam Masala (oder nach Geschmack)
1 TL gemahlener Kreuzkümmel
etwa 1 EL Mehl
6 große Hähnchenschenkel, ohne Haut, von überschüssigem Fett befreit
250 ml Hühnerbrühe oder Wasser
¼–½ TL Tamarindenpaste, nach Geschmack, in heißem Wasser aufgelöst
Salz und frisch gemahlener schwarzer Pfeffer

Chorizo mit weißen Bohnen und Kohl

Ein typisches goanisches Gericht, das vor allem bei kalten Temperaturen von innen wärmt. Hier finden Eiweiß, Kohlenhydrate und Gemüse in einem Topf zusammen und die Zubereitung dauert nur wenige Minuten. Das Gericht erinnert mich an einige brasilianische Bohnengerichte, die die Portugiesen wahrscheinlich geliebt und nach Goa mitgebracht haben. Jetzt ist es echtes goanisches „Soul Food". Ich serviere dazu knuspriges Weißbrot oder etwas Reis.

Das Öl in einer mittleren bis großen, beschichteten Pfanne erhitzen und die Würstchen hineingeben, von allen Seiten anbraten, dann mit einem Schaumlöffel herausnehmen und beiseitestellen. Die Zwiebeln in das aromatisierte Öl geben und anbraten, bis sie an den Rändern goldbraun werden. Dann den Knoblauch dazugeben und 1 Minute braten, bis er gar duftet. Falls die Mischung am Pfannenboden festklebt, einen Spitzer heißes Wasser aus dem Wasserkocher dazugießen. Das Tomatenmark hinzufügen und 1–2 Minuten weiterbraten.

Die Würstchen wieder in die Pfanne geben. Nun die Hühnerbrühe und genug Wasser dazugießen, damit die Würstchen bedeckt sind, und 20 Minuten unter gelegentlichem Umrühren kochen lassen.

Bohnen und Grünkohl hinzufügen und 4–5 Minuten kochen lassen, bis der Grünkohl gar ist und die Bohnen heiß sind. Es sollte genug Flüssigkeit für eine brüheähnliche Sauce übrig sein, sonst etwas Wasser dazugießen. Abschmecken, eventuell nachwürzen und, bevor der Kohl verkocht, in vorgewärmten Schüsseln servieren.

Ergibt 4 Portionen

2 EL Pflanzenöl
6 frische Chorizo
2 kleine Zwiebeln, in Ringe geschnitten
4 große Knoblauchzehen, zerrieben
2 TL Tomatenmark
300 ml Hühnerbrühe
1 Dose weiße Bohnen (400 g), abgetropft und abgespült
120 g Grünkohl, gehackt (ich nehme Cavolo Nero und schneide die groben Stiele ab)
Salz und frisch gemahlener schwarzer Pfeffer

Goanischer Tomatenreis

Dieses saftige, aromatische Gericht ist in Goa nicht aus dem Alltag wegzudenken. Die scharfe, rauchige Chorizo macht es eher zu einem Hauptgericht für besondere Anlässe, dem man kaum widerstehen kann. Sie können die Würstchen aber auch weglassen, dann schmeckt das Gericht immer noch herrlich und ist gleichzeitig schlicht genug, um den anderen Speisen auf dem Tisch nicht die Show zu stehlen.

Das Pflanzenöl in einer beschichteten Pfanne erhitzen. Die ganzen Gewürze hineingeben und 20–30 Sekunden rösten. Die Zwiebel hineingeben und braten, bis sie weich und an den Rändern goldbraun wird, dann die Chorizo hinzufügen und braten, bis das Fett in die Pfanne austritt. Den Knoblauch dazugeben und 1 weitere Minute braten, bis er gar duftet.

Tomaten, Tomatenmark, etwas Salz und einen Spritzer Wasser hinzufügen. Bei mittlerer Temperatur etwa 10–15 Minuten braten, bis die Tomaten gar sind und die Mischung reduziert und eingedickt ist. Dann den Reis dazugeben, in die Tomaten einrühren und 2 Minuten braten.

Die Hühnerbrühe dazugießen. Gründlich umrühren, abschmecken, nachwürzen (s. S. 133) und Chilipulver nach Geschmack hinzufügen. Einige Minuten kochen lassen, dann die Temperatur auf die niedrigste Stufe stellen, zudecken und 8–10 Minuten köcheln lassen. Nach 8 Minuten eine erste Garprobe machen, und den Reis bei Bedarf noch weiterkochen. Wenn die Reiskörner weich sind, den Herd ausschalten und den Reis bei geschlossenem Deckel weitere 5–10 Minuten ausdampfen lassen. Heiß servieren.

Ergibt 3–4 Portionen

3 EL Pflanzenöl
6 Gewürznelken
5 grüne Kardamomkapseln
5 cm Zimtstange
1 große Zwiebel, gehackt
2 frische Chorizo, in Scheiben geschnitten
2 große Knoblauchzehen, zerrieben
2 Tomaten, enthäutet und püriert oder gehackt
1 EL Tomatenmark
200 g Basmati- oder anderer Langkornreis, gründlich gewaschen (s. S. 130)
400 ml Hühnerbrühe
¼–½ TL Chilipulver
Salz

Hähnchen mit geraspeltem Ingwer

Das ist ein typisches Gericht für normale Werktage – es geht schnell und schmeckt dabei fantastisch. Wenn man Hähnchenfleisch ohne Knochen verwendet, geht die Zubereitung besonders schnell. Wenn Sie jedoch genug Zeit haben, können Sie die Hähnchenteile auch mit den Knochen zubereiten – das verleiht dem Gericht noch mehr Aroma und Tiefe – die Kochzeit verlängert sich allerdings auf etwa 25 Minuten. Mit indischem Brot und Raita als Beilagen servieren.

Das Öl in einer großen Pfanne erhitzen. Die Zwiebel hineingeben und 4–5 Minuten unter Rühren anbraten. Dann die Ingwer-Juliennes hinzufügen und weiterbraten, bis sie beginnen, Farbe anzunehmen. Den geriebenen Ingwer und den Knoblauch mit einem kleinen Spitzer Wasser dazugeben und 1 Minute braten, bis der Knoblauch gar duftet.

In der Zwischenzeit Tomaten, Joghurt, Salz und Pfeffer mit den Gewürzen glatt rühren, am besten mit einem Pürierstab. Die Tomatenmischung in die Pfanne geben und zum Kochen bringen, dann die Temperatur reduzieren und köcheln lassen, bis sie reduziert und eingedickt ist, dabei häufig umrühren. Diese Paste einige weitere Minuten braun braten. Sie sollte harmonisch schmecken.

Hähnchenschenkel, Hühnerbrühe oder Wasser und Rotweinessig hinzufügen. Zum Kochen bringen und unter gelegentlichem Umrühren 5–6 Minuten ohne Deckel köcheln lassen, bis das Hähnchen gar und die meiste Flüssigkeit verdampft ist. Machen Sie eine Garprobe, indem Sie den dicksten Hähnchenschenkel an der dicksten Stelle anstechen. Der heraustretende Fleischsaft sollte durchsichtig sein. Falls er noch rosa ist, die Hähnchenschenkel noch einige Minuten weiterkochen und dann erneut prüfen. Das Koriandergrün einrühren, abschmecken, eventuell nachwürzen und servieren. Das Curry sollte nicht besonders dünnflüssig sein, aber es sollte genug Flüssigkeit übrig sein, um sie mit dem Brot aufzunehmen.

Ergibt 3–4 Portionen

4 EL Pflanzenöl
1 sehr große Zwiebel, fein gehackt
30 g Ingwer, zur Hälfte in Juliennes geschnitten, zur Hälfte gerieben
4 große Knoblauchzehen, zerrieben
2 reife Tomaten, geviertelt
4 EL Naturjoghurt
¾–1 TL Garam Masala
1 TL gemahlener Koriander
1 TL gemahlener Kreuzkümmel
½ TL Chilipulver (oder nach Geschmack)
6 große Hähnchenschenkel, ohne Haut und Knochen, in große Würfel geschnitten
150 ml Hühnerbrühe oder Wasser
1–2 TL Rotweinessig (oder nach Geschmack) (optional)
30 g Koriandergrün, gehackt
Salz und frisch gemahlener schwarzer Pfeffer

Der einfachste Hähnchen-Pilaw aller Zeiten

Manchmal will man einfach nur alles in einen Topf werfen müssen. Dann ist dieses Gericht ideal – und es eignet sich perfekt als Familienessen unter der Woche. Ich nehme lieber Hähnchenschenkel, weil sie mehr Aroma haben und saftiger sind, aber Sie können auch Hähnchenbrust verwenden. Zu diesem Gericht passt etwas Joghurt ganz prima dazu.

Den Reis waschen und bis zur weiteren Zubereitung einweichen lassen.

Das Ghee oder das Pflanzenöl in einem beschichteten Topf erhitzen und die Kreuzkümmelsamen hineingeben. Sobald diese dunkel sind, die Zwiebeln hinzufügen und bei mittlerer Hitze braten, bis sie an den Rändern goldbraun werden. Ingwer und Knoblauch dazugeben, die Hitze reduzieren und 1 Minute braten. Falls der Knoblauch am Pfannenboden haften bleibt, einen Spritzer Wasser hinzufügen.

Joghurt, Chilipulver, Kurkuma, Garam Masala, etwas Salz und schwarzen Pfeffer dazugeben. Die Temperatur hochschalten, und die Mischung unter ständigem Rühren zum Kochen bringen und noch weitere 3 Minuten kochen lassen. Das Hähnchen hineingeben und weiterkochen, bis der Joghurt zum größten Teil absorbiert ist und das Masala Öl freisetzt.

Den Reis abtropfen lassen, mit der Hühnerbrühe in den Topf geben und umrühren. Abschmecken und nachwürzen (s. S. 133). Zum Kochen bringen, dann die Temperatur auf die niedrigste Stufe stellen, zudecken und 8–10 Minuten köcheln lassen. Nach 8 Minuten eine erste Garprobe machen, den Reis bei Bedarf noch weiterkochen. Wenn die Reiskörner weich sind, den Herd ausschalten und den Reis bei geschlossenem Deckel 5 Minuten ausdampfen lassen, oder bis Sie servieren möchten. Einen großzügigen Spritzer Zitronensaft, Frühlingszwiebeln und Koriandergrün (falls verwendet) einrühren, dabei gleichzeitig auch den Reis auflockern, und servieren.

Ergibt 4 Portionen

300 g Basmatireis, gründlich gewaschen (s. S. 130)
2 EL Ghee oder Pflanzenöl
2 TL Kreuzkümmelsamen
2 sehr kleine Zwiebeln, in Ringe geschnitten
10 g Ingwer, gerieben
3 Knoblauchzehen, zerrieben
200 g Naturjoghurt
½ TL Chilipulver (oder nach Geschmack) (optional)
½ TL Kurkuma
1 TL Garam Masala
400 g Hähnchenschenkel, ohne Haut und Knochen, in große Stücke geschnitten
500 ml Hühnerbrühe
frisch gepresster Saft von ½ Zitrone
2 Frühlingszwiebeln, in dünne Ringe geschnitten
30 g Koriandergrün zum Garnieren (optional)
Salz und frisch gemahlener schwarzer Pfeffer

Scharfe 10-Minuten-Lammkoteletts

Diese Lammkoteletts eignen sich ideal zum Grillen. Das Fleisch morgens marinieren, den Tag über im Kühlschrank ruhen lassen und am Abend zubereiten. Kleine Koteletts kann man perfekt mit etwas Pikantem Korianderchutney (s. S. 154) als Vorspeise servieren, größere Koteletts ergeben zusammen mit Gemüse oder Salat, Naan und Raita ein wunderbares Hauptgericht. Wenn Sie keine Kreuzkümmelsamen zur Hand haben, können Sie stattdessen auch gemahlenen Kreuzkümmel verwenden.

Alle Zutaten für die Marinade mit einem Pürierstab zu einer glatten Paste verarbeiten, dabei Salz nach Geschmack hinzufügen.

Das Lammfleisch rundum mit einer Gabel einstechen, in einen tiefen Teller legen und von allen Seiten mit der Marinade bedecken. Den Teller abdecken und das Fleisch etwa 2 Stunden im Kühlschrank marinieren, wenn möglich, über Nacht. Rechtzeitig vor der weiteren Zubereitung das Lammfleisch aus dem Kühlschrank nehmen und wieder auf Zimmertemperatur bringen.

Den Backofen oder Backofengrill auf die höchste Temperatur vorheizen. Die Lammkoteletts auf ein Backblech legen und 9–10 Minuten braten, nach der Hälfte der Zeit wenden. Aus dem Ofen nehmen, abdecken und 5 Minuten ruhen lassen. Heiß mit Zitronenspalten servieren.

Das gewisse Extra: *Grüne Papaya macht jedes Fleisch zarter*

In Indien machen Köche ihr Fleisch mit grüner Papayapaste zarter. Grüne Papayas finden Sie in orientalischen Supermärkten. Sie können sie für alle Fleischsorten verwenden, bevor Sie mit der eigentlichen Zubereitung beginnen. Für das Rezept oben beispielsweise reibt man 20 g grüne Papaya, mariniert das Fleisch 30 Minuten in dieser Paste und wischt sie danach ab. Nun fahren Sie mit dem Rezept an dem Punkt fort, wo Sie das Fleisch in die Gewürzmarinade einlegen.

Ergibt 6 Portionen

Für die Marinade
20 g Ingwer, grob gehackt
5 große Knoblauchzehen
50 g griechischer Joghurt
1 TL Kreuzkümmelsamen
  (Shahi Jeera) oder gemahlener
  Kreuzkümmel
¾ TL Chilipulver
1 EL Garam Masala
1¾ EL frisch gepresster
  Zitronensaft
1 EL Pflanzenöl
Salz und frisch gemahlener
  schwarzer Pfeffer

Für das Lamm
6 Lammkoteletts mit Knochen
  (Fett entfernen)
Zitronenspalten zum Garnieren

Kurz gebratenes Kokosrindfleisch

Dieses wirklich köstliche Gericht aus der Region Kerala erstaunt mit seinem intensiven Aroma trotz der kurzen Garzeit. Die Kokosnuss verleiht dem würzigen, leicht scharfen Gericht einen Hauch Süße. Sie können auch etwas Gemüse wie grüne Bohnen oder Zuckerschoten dazugeben; diese sollten Sie dann separat anbraten und zum fertigen Gericht hinzufügen. Wie bei vielen Wokgerichten umfasst die Zubereitung mehrere Phasen, aber dennoch ist sie einfach. Mit indischen Broten oder einem schlichten Pilaw und etwas Joghurt servieren.

Einen großen Wok erhitzen. Die Kokosraspel hineingeben und etwa 2 Minuten goldbraun rösten, dabei den Wok häufig schwenken. In eine große Schüssel füllen und den Wok auswischen.

1 EL Pflanzenöl in den Wok geben und das Rindfleisch von allen Seiten schnell scharf anbraten, bis es stellenweise braun wird. Die Fleischscheiben in die Schüssel auf die Kokosraspel legen.

Das restliche Öl in den Wok geben – dieses Mal müssen Sie ihn nicht auswischen – und die Senfsamen anbraten, bis sie aufgeplatzt sind. Curryblätter, Zwiebeln und etwas Salz hinzufügen und braten, bis die Zwiebeln an den Rändern braun werden. Ingwer und Knoblauch dazugeben und unter Rühren etwa 1 Minute anbraten, bis der Knoblauch gar ist.

Die Gewürze hinzufügen und gründlich umrühren. Einen großzügigen Spritzer Wasser, gelierte Rinderbouillon und Tomatenmark dazugeben und 4–5 Minuten einkochen lassen, bis die Sauce wieder dick wird und glänzt.

Das Rindfleisch zusammen mit einem Spritzer Wasser und den Kokosraspeln zurück in die Pfanne geben und gründlich mit der Sauce verrühren. Einige Minuten kochen lassen, bis die Sauce das Rindfleisch ganz bedeckt, dann servieren.

Ergibt 4–6 Portionen

60 g Kokosraspel
4 EL Pflanzenöl
600 g Rinderlende, Fett entfernt, quer zur Maserung in dünne Scheiben geschnitten
1½ TL Senfsamen
15 frische Curryblätter
2 kleine Zwiebeln, fein gehackt
30 g Ingwer, in Juliennes geschnitten
6 große Knoblauchzehen, gehackt
1½ EL gemahlene Fenchelsamen
3 TL gemahlener Koriander
1½ TL Garam Masala
¾ TL gemahlener Kreuzkümmel
1 Portion gelierte Rinderbouillon
etwa 2 EL Tomatenmark
Salz und 1½ TL frisch gemahlener schwarzer Pfeffer

Einfaches 25-Minuten-Lamm mit Kardamom

Ein herrlich leichtes Lammcurry, inspiriert von den Kardamom-Hähnchencurrys der Sindhi. Freuen Sie sich auf ein wundervolles, delikates Aroma. Die Zubereitung dauert nur knapp 30 Minuten. Ich kann es wirklich nur empfehlen. Am schnellsten geht es, wenn Sie das Curry offen in einer großen Pfanne zubereiten. Durch die größere Oberfläche werden die Zutaten schneller gar. Wenn Sie mehr Zeit haben, können Sie eine ausgelöste, in Würfel geschnittene Lammkeule 1–1¼ Stunden kochen, das verleiht dem Gericht ein noch intensiveres Aroma.

Joghurt, Tomate, Ingwer, Knoblauch und Gewürze mit einem Pürierstab zu einer glatten Paste verarbeiten.

Das Pflanzenöl in einer Pfanne erhitzen und die Zwiebel darin anbraten, bis sie goldbraun wird. Die Gewürzpaste und die Chilischoten hinzufügen und unter häufigem Umrühren braten, bis das Masala komplett reduziert ist und Öl freisetzt. Je länger Sie diese Paste braten, desto intensiver wird das Aroma – somit müssen Sie abwägen, wie viel Zeit Sie dafür aufwenden möchten oder können. Die Brühe oder das Wasser dazugießen und zum Kochen bringen. Das Fleisch hineingeben und 4–5 Minuten kochen lassen, bis es gar ist.

Abschmecken und mit Salz, Pfeffer oder noch etwas gemahlenem Kardamom abschmecken, dann servieren.

Ergibt 3 Portionen

1½ EL Naturjoghurt
1 kleine Tomate, geviertelt
10 g Ingwer, grob gehackt
2 große Knoblauchzehen
1 TL gemahlener Koriander
1 TL gemahlener Kardamom
(oder nach Geschmack)
1 TL gemahlener Kreuzkümmel
3 EL Pflanzenöl
1 Zwiebel, fein gehackt
1–2 grüne Chilischoten, eingestochen
200 ml Lamm- oder Hühnerbrühe oder Wasser
350 g Lammhüfte, Fett entfernt, in 2,5 cm große Stücke geschnitten
Salz und ½ TL frisch gemahlener schwarzer Pfeffer

ABENDESSEN
IN 30 MINUTEN

Pochierte Eier auf Kartoffeln im Stil der Parsen

Die Parsen lieben sowohl Eier als auch Kartoffeln. Es ist also keine Überraschung, dass dieses Gericht sehr populär ist. Es ist eines meiner Lieblingsgerichte mit Eiern – die Kombination schmeckt einfach fantastisch. Man kann es hervorragend zum Brunch, als sättigendes Mittagessen oder mit etwas Gemüse dazu als leichtes Abendessen genießen. Als Beilage passt etwas geröstetes Brot oder Parathas.

Das Pflanzenöl in einer großen, beschichteten Pfanne erhitzen, zu dem Sie einen Deckel haben. Die Kreuzkümmelsamen hineingeben und, sobald sie etwas dunkler werden und aromatisch duften, die Zwiebel hinzufügen und diese 5–6 Minuten anbraten, bis sie weich und an den Rändern hellbraun wird. Knoblauch, Chilischote und etwas Salz hinzufügen und 1 Minute braten.

Die Gewürze und die Kartoffeln dazugeben und gründlich mit dem Öl und den Zwiebeln vermischen. Einen Spritzer Wasser hinzufügen, zum Kochen bringen, die Pfanne zudecken und die Kartoffeln bei niedriger Temperatur 12–14 Minuten garen. Den Deckel abnehmen und weitere 5–7 Minuten kochen, um überschüssige Flüssigkeit verkochen zu lassen und die Kartoffeln Farbe annehmen. Abschmecken, eventuell nachwürzen und schwarzen Pfeffer nach Geschmack dazugeben.

Die Korianderblätter einrühren und mit einem Löffel vier kleine Vertiefungen in die Kartoffelmischung eindrücken. Die Eier jeweils aufschlagen und in eine der Vertiefungen geben. Die Pfanne zudecken und 3–5 Minuten warten, bis das Eiweiß fest, aber das Eigelb noch flüssig ist. Etwas Salz und Pfeffer oder Chilipulver (falls verwendet) über die Eier streuen und heiß servieren.

Ergibt 2 Portionen

2 EL Pflanzenöl
1 TL Kreuzkümmelsamen
1 kleine rote Zwiebel, in feine Ringe geschnitten
2 große Knoblauchzehen, gehackt
1 grüne Chilischote, fein gehackt
½ TL gemahlener Koriander
⅓ TL Kurkuma
2 kleinere Kartoffeln (festkochend) (etwa 250 g), halbiert und in dünne Scheiben geschnitten
25 g Korianderblätter, gehackt
4 Eier
Chilipulver (optional)
Salz und frisch gemahlener schwarzer Pfeffer

Warmer Dinkel-, Linsen- und Zucchini-„Salat"

Dieses Rezept ist sowohl von Khichri, einem Eintopf mit Linsen, Reis und etwas gebratenen Kreuzkümmelsamen, als auch von einem Linsensalat, den ich häufig zubereite, inspiriert. Dieses Gericht ist wirklich einfach, gesund und gleichzeitig sättigend. Der nussige Dinkel begeistert mit seiner herrlichen Konsistenz, die Linsen liefern herzhafte Proteine und die gegrillten Zucchini ergänzen das Gericht um ein leicht rauchiges Aroma und süße Frische. Mein Dinkel wird nach 16–18 Minuten gar, deswegen kann ich ihn mit den Linsen zusammen kochen, aber die Kochzeit variiert je nach Marke, deshalb sehen Sie bitte auf der Packung nach. Wenn nötig, können Sie den Dinkel separat kochen und ihn am Ende unterrühren.

Das Öl in einer beschichteten Pfanne erhitzen. Die Zwiebel hineingeben und anbraten, bis sie goldbraun ist. Linsen und Dinkel zusammen mit 750 ml Wasser und gekörnter Gemüsebrühe hinzufügen und zum Kochen bringen. Etwa 18 Minuten köcheln lassen, bis Linsen und Dinkel gar sind. Zum Ende der Garzeit sollte das Wasser fast verdampft sein. Damit nichts anbrennt, gelegentlich umrühren und nur, wenn es unbedingt notwendig ist, weiteres Wasser hinzufügen.

In der Zwischenzeit eine große Grillpfanne erhitzen und darin die Zucchinischeiben auf beiden Seiten leicht rösten. Beiseitestellen. Wenn die Linsen fertig sind, die restlichen Zutaten unterrühren und die Zucchinischeiben hinzufügen. Den Salat gründlich mischen, mit Salz und Pfeffer würzen und warm servieren.

Noch feiner: *Geröstete ganze Gewürze*

Die Gewürze in eine trockene Pfanne geben und bei mittlerer Temperatur auf den Herd stellen. Häufig schütteln oder umrühren, damit sie gleichmäßig braun werden. (Verwenden Sie hierfür keine beschichtete Pfanne, das kann zu einer Rauchentwicklung führen und gilt als ungesund.) Wenn die Gewürze Farbe annehmen und Aroma entwickeln – was nur wenige Minuten dauert – die Pfanne vom Herd nehmen und die Gewürze sofort in einen Mörser oder eine Schüssel geben, damit sie nicht weiter rösten. Auch wenn Sie den Herd ausgeschaltet haben, ist die Pfanne so heiß, dass die Gewürze sonst anbrennen würden. Bei Bedarf die Gewürze mit Mörser und Stößel oder in einer Gewürzmühle mahlen.

Ergibt 2 große Portionen

4 EL natives Olivenöl Extra
1 kleine Zwiebel, fein gehackt
75 g Puylinsen (grüne Linsen)
150 g Dinkel
⅓ TL gekörnte Gemüsebrühe (optional)
1 kleine Zucchini, in dünne Scheiben geschnitten
1½ TL gemahlener Kreuzkümmel
1½ TL gerösteter gemahlener Kreuzkümmel (siehe unten links)
40 g Walnüsse, grob zerstoßen
1 EL rote Chilischote, in feine Ringe geschnitten (oder nach Geschmack)
1 großzügiger Spritzer Zitronensaft
60 g gemischte Babysalatblätter
Salz und frisch gemahlener schwarzer Pfeffer

Knusprige Makrele mit goanischen Gewürzen

Dieses Gericht ist so köstlich, dass es längst auch jenseits der Sandstrände und Grenzen Goas Bekanntheit erlangt hat. Meine Version ist mittelmäßig-einfach, weil die Zwiebel zunächst zum Teil geröstet werden muss, bevor man sie mit den übrigen Zutaten mischt. Wenn Ihnen das zuviel ist, können Sie die Zwiebel auch weglassen und stattdessen eine größere Prise Zucker in die Mischung geben. Mit einem Salat oder Gemüse servieren.

Die Zwiebel direkt über einer schwachen Flamme platzieren oder bei niedriger Temperatur in eine Grillpfanne geben, um die äußeren Schichten zu rösten; das dauert etwa 10 Minuten. Dabei ständig umdrehen und im Auge behalten – auf keinen Fall die Küche verlassen!

Knoblauch, Ingwer, Gewürze, 1 TL Salz, Pfeffer, Essig, Zucker und Zwiebel dazugeben – dabei eventuell die zu stark gerösteten äußersten Zwiebelschichten entfernen – und mit einem Pürierstab zu einer glatten Paste verarbeiten.

Den Fisch auf jeder Seite dreimal diagonal einschneiden, damit die Aromen eindringen können. Den Grieß auf einem großen Teller verteilen.

Die Zwiebelpaste in vier Portionen aufteilen. Mit dem größten Teil einer Portion der Paste die Innenseite eines Fisches einreiben, dann den Fisch wieder zuklappen und mit dem Rest der Würzpaste die Außenseite einreiben. Mit den übrigen Fischen und den übrigen Portionen der Paste ebenso verfahren. Alle Fische im Grieß wenden, sodass sie auf beiden Seiten gut bedeckt sind.

Das Pflanzenöl in einer beschichteten Pfanne erhitzen, die groß genug ist, dass alle Fische hineinpassen. Sobald das Öl sehr heiß ist, die Fische hineingeben und die Hitze reduzieren. Zunächst 4 Minuten auf einer Seite braten, dann die Fische vorsichtig wenden und weitere 3–4 Minuten braten, bis sie auf beiden Seiten knusprig und goldbraun sind.

Ergibt 4 Portionen

1 kleine rote Zwiebel, geschält
6 große Knoblauchzehen
10 g Ingwer, grob gehackt
2 gestrichene TL gemahlener Kreuzkümmel
½ TL Kurkuma
¾ TL Chilipulver
1 TL Garam Masala
2 EL Rot- oder Weißweinessig
1 TL Zucker
4 mittelgroße Makrelen, küchenfertig vorbereitet
8 EL Grieß
6–7 EL Pflanzenöl
Salz und frisch gemahlener schwarzer Pfeffer

Geräucherte Forelle mit Kedgeree-Pilaw

Eine Pilawversion des vor allem in England populären Brunchgerichts. Die Köchinnen in Britisch-Indien ließen sich vom Kedgeree zu einem sehr schlichten Reis- und Linsengericht inspirieren, Khichri, wobei sie es um ihren geliebten Räucherfisch und Eier ergänzten. Das köstliche Gericht macht gute Laune und eignet sich ideal als Abendessen unter der Woche. Diese Version ist leicht buttrig und dezent gewürzt. Ich gebe gerne ein Spiegelei darüber, aber Sie können das Ei auch hart kochen und vierteln.

Das Pflanzenöl in einer großen, beschichteten Pfanne erhitzen. Die Kreuzkümmelsamen hineingeben und, sobald diese dunkel werden, Butter und Zwiebel hinzufügen. Die Zwiebel braten, bis sie weich, aber noch farblos ist. Den Knoblauch dazugeben und 1 Minute braten, bis er gar duftet.

Die Gewürze sowie etwas Salz und Pfeffer hinzufügen und 30–40 Sekunden braten. Den abgetropften Reis dazugeben und unterrühren, damit er ganz von den Aromen eingehüllt wird, dann 600 ml Wasser dazugießen. Zum Kochen bringen und 1 Minute sprudeln lassen, dann die Temperatur auf die niedrigste Stufe stellen und die Pfanne zudecken.

Den Reis 7–8 Minuten kochen lassen, dann ein Reiskorn probieren. Wenn es gar ist, den Herd ausschalten, die Forellenfilets auf den Reis legen, damit sie warm werden, die Pfanne wieder zudecken und den Reis etwa 5 Minuten ausdampfen lassen.

In der Zwischenzeit etwas Pflanzenöl in einer großen Pfanne erhitzen und die Eier wie gewünscht braten.

Mit einer Gabel Zitronensaft, Forellenfilets und Petersilie vorsichtig in den Reis einrühren. Die Forelle sollte dabei nur zu groben Stücken zerteilt werden. Den Pilaw auf vier Teller verteilen, jeweils ein Spiegelei daraufsetzen und servieren.

Ergibt 4 Portionen

2 TL Pflanzenöl zzgl. etwas für die Eier
1½ TL Kreuzkümmelsamen
50 g Butter
1 große Zwiebel, fein gehackt
4 große Knoblauchzehen, gehackt
¾ TL Kurkuma
2 TL gemahlener Koriander
1 TL Garam Masala
300 g Basmatireis, gründlich gewaschen (s. S. 130)
350 g heißgeräucherte Forellenfilets, auf Zimmertemperatur gebracht
4 Eier
Saft von ½ Zitrone (oder nach Geschmack)
25 g glatte Petersilienblätter, gehackt
Salz und frisch gemahlener schwarzer Pfeffer

BLOCK KOKOSCREME

Kokoscreme-Blöcke waren lange Zeit ein eher ungewöhnlicher Gegenstand im Vorratsschrank. Sehr viel häufiger wurde Kokosmilch in Dosen verwendet. Ich finde die Kokoscreme-Blöcke jedoch unverzichtbar, weil sie mehr Aroma und eine cremigere Konsistenz als die Dosenmilch haben und sicher weniger Müll verursachen. Deshalb verwende ich sie ständig.

Südindisches Kokoscurry mit zwei Sorten Bohnen

Dieses Alltagsgericht bereite ich häufig zu, weil ich immer eine Dose Kidneybohnen sowie einen Block Kokoscreme und etwas Tamarindenpaste auf Vorrat habe. Aber der Geschmack ist sicher nicht alltäglich! Mit grünen Bohnen wird daraus eine vollständige Mahlzeit, aber Sie können sie auch weglassen oder ein anderes Gemüse verwenden. Der Zucker verfeinert das Kokosaroma noch. Mit Reis servieren.

Das Pflanzenöl in einer mittelgroßen, beschichteten Pfanne erhitzen. Die Senfsamen hineingeben und, sobald sie aufgeplatzt sind, Zwiebel und Curryblätter dazugeben und braten, bis die Zwiebel weich wird und Farbe annimmt. Den Knoblauch hinzufügen und 1 Minute braten, bis er gar duftet. Die Gewürze und etwas Salz mit einem Spritzer Wasser dazugeben und 1–2 Minuten braten.

Beide Bohnensorten und die Kokoscreme dazugeben, zusammen mit einem Viertel der Flüssigkeit aus einer der Bohnendosen. Zum Kochen bringen, dann die Temperatur reduzieren und 5–7 Minuten köcheln lassen, bis sich alle Zutaten verbunden haben und das Gericht leicht eingedickt ist. Den Zucker und die Tamarindenpaste nach Geschmack einrühren. Abschmecken, eventuell nachwürzen und servieren.

Ergibt 4 Portionen

3 EL Pflanzenöl
¾ TL Senfsamen
1 kleine rote Zwiebel, fein gehackt
10–12 frische Curryblätter
6 große Knoblauchzehen, zerrieben
2 TL gemahlener Koriander
½ TL Chilipulver (oder nach Geschmack)
½ TL Kurkuma
1 TL gemahlener Kreuzkümmel
2 Dosen Kidneybohnen (à 400 g), abgetropft (Flüssigkeit einer Dose aufbewahren) und abgespült
75 g grüne Bohnen, Stielansatz und Spitze gekappt, halbiert
60 g Kokoscreme (ein etwa 7,5 cm großer Würfel)
¾–1 TL Zucker (oder nach Geschmack)
2–3 TL Tamarindenpaste (oder nach Geschmack)
Salz

Hähnchen-Korma mit Sesam und Kokos aus Hyderabad

Dieses fantastische, einfache Korma-Rezept passt immer: Es ist cremig und mild und begeistert mit seinem herrlichen Kokosaroma. Dieses Rezept basiert auf einer Version aus Hyderabad mit vielen verschiedenen Nüssen und Samen. Tahinipaste verleiht dem Gericht seine Sesamnote, es passen aber auch Pinienkerne oder Erdnüsse dazu. Wenn Sie ganze Gewürze zur Hand haben, geben Sie zwei schwarze und sechs grüne Kardamomkapseln, drei Gewürznelken und eine Zimtstange dazu und lassen etwas von dem fertigen Garam Masala weg. Ich garniere das Korma vor dem Servieren mit einigen gekauften, knusprigen Schalotten, die ich immer auf Vorrat habe, und esse dazu indische Brote oder einen einfachen Pilaw.

Ingwer, Joghurt, Kokossahne, Nüsse, ½ TL Pfeffer und etwas Salz mit dem Pürierstab zu einer glatten Paste verarbeiten.

Das Pflanzenöl in einer großen, beschichteten Pfanne erhitzen, die schwarzen Kreuzkümmelsamen hineingeben und 30 Sekunden später die Zwiebeln. Braten, bis die Zwiebeln weich und an den Rändern gerade etwas braun werden. Den Knoblauch hinzufügen und 1 Minute braten, bis er gar duftet. Die Joghurtmischung dazugeben und unter Rühren zum Kochen bringen. Unter sehr häufigem Umrühren 15 Minuten köcheln lassen, bis die Mischung ganz eingedickt ist und an den Rändern Öl freisetzt.

Hähnchen, Garam Masala, Tahinipaste, etwas mehr Salz und Pfeffer sowie etwa 200 ml Wasser hinzufügen und wieder zum Kochen bringen. Die Hitze reduzieren und 5–6 Minuten köcheln lassen. Machen Sie eine Garprobe, indem Sie einen der Fleischwürfel anstechen. Der heraustretende Fleischsaft sollte durchsichtig sein. Falls er noch rosa ist, die das Korma noch einige Minuten weiterkochen und das Hähnchenfleisch dann erneut prüfen. Den Herd ausschalten und Sahne sowie Korianderblätter unterrühren. Abschmecken, eventuell nachwürzen, mit den Schalotten garnieren und servieren.

Schneller:
Fertige knusprige Schalotten

Ergibt 4 Portionen

- 40 g Ingwer, grob gehackt
- 200 g Naturjoghurt
- 70 g Kokossahne (ein etwa 8,5 cm großer Würfel)
- 40 g gemahlene Mandeln oder Cashewkerne
- 4 EL Pflanzenöl
- 1 TL schwarze Kreuzkümmelsamen (optional)
- 2 große Zwiebeln, in dünne Ringe geschnitten
- 4 große Knoblauchzehen, zerrieben
- 8 Hähnchenschenkel, ohne Haut und ohne Knochen, oder 4 Hähnchenbrustfilets, in große Würfel geschnitten
- 2 TL Garam Masala
- 1 EL Tahinipaste (oder nach Geschmack)
- 75–100 g Sahne, nach Geschmack
- 25 g Korianderblätter, gehackt
- 35 g gekaufte, knusprig frittierte Schalotten, oder selbst zubereitete (s. S. 134) (optional)
- Salz und frisch gemahlener schwarzer Pfeffer

Cremiges Kokos-Garnelen-Curry

Ein Curry für besondere Anlässe, inspiriert von der berühmten bengalischen Spezialität Chingri Malai. Hauptsächlich besteht es aus Garnelen, frischer Kokosnuss und einigen Aromen zur Abrundung. Für meine schnelle, einfache Version verwende ich Kokosmilch aus der Dose und Kokoscreme, damit das Kokosaroma intensiv wird. Wenn Sie frische Kokosnuss verwenden möchten, müssen Sie aus geriebenen Kokosraspel eine Tasse dicke Kokosmilch und eine Tasse dünne Kokosmilch extrahieren. Das schmeckt dann ganz besonders gut. Ich gebe gerne etwas Zitronensaft hinzu, um die Süße auszugleichen, aber das überlasse ich ganz Ihnen. Je größer und frischer die Garnelen sind, desto besser, aber auch hochwertige tiefgefrorene Garnelen eignen sich sehr gut.

Das Pflanzenöl in einem großen, beschichteten Topf erhitzen. Die ganzen Gewürze hineingeben und 20–30 Sekunden anbraten. Die gehackte Zwiebel hinzufügen und braten, bis sie weich wird. Dabei gelegentlich umrühren.

In der Zwischenzeit die geviertelte Zwiebel, Knoblauch und Ingwer mit dem Pürierstab zu einer glatten Paste verarbeiten, falls nötig, mit Hilfe von etwas Wasser. Zusammen mit etwas Salz zu der gebratenen Zwiebel hinzufügen und braten, bis überschüssiges Wasser verdampft und die Zwiebel gar ist und süß duftet. Das dauert mindestens 10 Minuten.

Chilipulver und Kurkuma hinzufügen und einige Male gründlich umrühren. Die Kokosmilch dazugießen, bei niedriger Temperatur köcheln lassen, bis die Menge sich um ungefähr ein Drittel reduziert hat. Die Kokoscreme und den Zucker dazugeben und wieder zum Kochen bringen. Dadurch sollte eine wundervoll cremige Currysauce entstehen.

Die Garnelen hinzufügen und weitere 3 Minuten köcheln lassen, bis sie gar sind. Das Curry abschmecken und mit Salz und Pfeffer sowie Zucker nachwürzen, nach Geschmack auch etwas Zitronensaft dazugeben. Die Sauce sollte cremig, aber nicht übermäßig süß sein – eventuell noch einen Spritzer heißes Wasser aus dem Wasserkocher dazugeben. Dann servieren.

Ergibt 4 Portionen

4 EL Pflanzenöl
2 Lorbeerblätter
4 Gewürznelken
10 cm Cassia- oder Ceylon-Zimtstange
2 Zwiebeln, eine fein gehackt, eine geviertelt
3 große Knoblauchzehen
15 g Ingwer, grob gehackt
¾ TL Chilipulver
1 TL Kurkuma
2 Dosen Kokosmilch (à 400 g)
80–100 g Kokoscreme
½–¾ TL Zucker (oder nach Geschmack)
500 g rohe Garnelen (geschältes Gewicht), mit Schwanzfächer, entdarmt
1 Spritzer Zitronensaft (optional)
Salz und frisch gemahlener schwarzer Pfeffer

Fischcurry mit gerösteten Erdnüssen

Ich bin in Hongkong einmal in den Genuss eines fantastischen Fischgerichts gekommen, das mit gerösteten Erdnüssen garniert war, und seitdem bin ich von der Kombination fast besessen. Dann habe ich etwas über ein afrikanisches Fischcurry mit Erdnüssen gelesen. Daraufhin habe ich meine Fantasie spielen lassen – das Ergebnis lesen Sie hier. Dieses süßsaure Curry ist absolut köstlich. Wenn Sie den Fisch lieber anders präsentieren möchten, müssen Sie ihn nicht in Würfel schneiden – Sie können stattdessen die Filets auf beiden Seiten trocken tupfen, würzen, in einer beschichteten Pfanne braten und zusammen mit dem Curry auf den Tellern anrichten.

Das Pflanzenöl in einer großen, beschichteten Pfanne erhitzen und die Kreuzkümmelsamen hineingeben. Braten, bis sie brutzeln und Farbe annehmen. Die Zwiebel mit etwas Salz dazugeben und bei recht hoher Temperatur 3–4 Minuten braten, dabei einmal umrühren. Die Paprika zur Zwiebel hinzufügen und einige weitere Minuten anbraten, bis die Zwiebel Farbe annimmt und die Paprika weich wird.

In der Zwischenzeit Tomaten, Ingwer, Knoblauch sowie die ganzen Erdnüsse mit einem Pürierstab zu einer glatten Paste verarbeiten.

Die Gewürze zu der Zwiebelmischung in der Pfanne geben, umrühren, dann die pürierte Tomatenmischung hinzufügen. Etwa 15 Minuten einkochen lassen, bis die Mischung komplett reduziert ist. Es entsteht eine dicke Paste, die Öl freisetzt.

Die Kokossahne und genug Wasser dazugeben, damit eine dickflüssige, cremige Sauce entsteht. Abschmecken, eventuell nachwürzen und die Temperatur auf eine mittlere Stufe stellen. Den Fisch hinzufügen und 4 Minuten kochen lassen, bis er gar ist. Die zerstoßenen Erdnüsse darüberstreuen und servieren.

Ergibt 4–5 Portionen

4 EL Pflanzenöl
3 TL Kreuzkümmelsamen
1 rote Zwiebel. grob gehackt
1 kleine rote Paprika, in 2,5 cm
  große Würfel geschnitteln
4 reife Tomaten, geviertelt
25 g Ingwer, grob gehackt
6 große Knoblauchzehen
80 g gesalzene, geröstete
  Erdnüsse, zur Hälfte leicht
  zerstoßen
½ TL Chilipulver
1 TL gemahlener Koriander
1½ TL Garam Masala
450 g Kokossahne
4–5 feste Weißfischfilets (z. B.
  Dorsch oder Heilbutt), in
  große Würfel geschnitten
Salz

Saftige Hähnchenleber auf Toast

Dieses Gericht eignet sich perfekt als leichtes Abendessen oder als rustikale Vorspeise, wenn Sie Freunde zu Besuch haben. Die süß-herzhafte Speise wärmt von innen und begeistert mit ihren herrlich kontrastierenden Konsistenzen.

Den Backofen auf 140 °C vorheizen.

Die Brotscheiben auf beiden Seiten mit etwas Olivenöl bestreichen und in einer beschichteten Pfanne oder Grillpfanne hellbraun rösten, pro Seite etwa 1–2 Minuten. Beide Seiten der Brotscheiben großzügig mit dem ganzen Ingwer einreiben, um das Brot damit zu aromatisieren. Im Ofen warm halten.

Die Leber in einer Schüssel mit Schwarzkümmel- und Fenchelsamen, Garam Masala, 1 TL Salz und schwarzem Pfeffer mischen, dabei darauf achten, dass alle Leberstücke gut bedeckt sind.

Das Olivenöl und did Butter in einer Pfanne erhitzen. Sobald die Fettmischung zu brutzeln beginnt, die Hähnchenleber hineingeben und 5–6 Minuten anbraten, dabei mehrmals vorsichtig wenden – die Leber neigt zum Spritzen. Geraspelten Ingwer, Datteln und Feigen zusammen mit dem Aceto Balsamico hinzufügen und gründlich umrühren, damit alles bedeckt wird. Dann 1 Minute weiterbraten.

Die Brotscheiben aus dem Ofen nehmen und auf einem Servierteller oder einer Platte anrichten. Jede Brotscheibe mit einigen Salatblättern belegen und sorgfältig jeweils ein Viertel der Leberstückchen mit den Datteln und den Feigen darauf verteilen. Die restliche Sauce darüberträufeln und servieren.

Ergibt 4–5 Portionen

4–5 Scheiben Sauerteigbrot

2 EL Olivenöl zzgl. etwas zum Bestreichen der Brotscheiben

1 daumengroßes Stück Ingwer, geschält und 1 TL fein geriebener Ingwer

400 g Hähnchenleber, gewaschen und geputzt

1 TL Schwarzkümmelsamen (im Handel als Nigella, Kalonij oder Schwarze Zwiebelsamen erhältlich)

1 TL Fenchelsamen, leicht zerdrückt

2 TL Garam Masala

30 g Butter

4 Medjool-Datteln (alternativ jede andere Dattelsorte), grob in Längsscheiben geschnitten

2 frische Feigen, geviertelt

2 EL Aceto Balsamico

1 Romanasalatherz, gewaschen und in ganze Blätter zerteilt

Salz und frisch gemahlener schwarzer Pfeffer

Rasam mit Hähnchen mit schwarzen Gewürzen und ganzen Körnern

Diese würzige, herzhafte Suppe – Rasam – basiert auf einem beliebten Rezept aus der Region Chettinad, die für ihre Rezepte mit schwarzen Pfefferkörnern bekannt ist. Die Gewürze verleihen der Brühe ihre dunkle Farbe, sind aber nicht so stark, wie sie aussehen. Diese Hühnersuppe – das ultimative „Soul Food" – begeistert außerdem mit ihren nussigen ganzen Getreidekörnern. Ich kaufe häufig ein Paket vorgekochter ganzer Körner. Wenn Sie nur rohen Dinkel oder Weizen haben, geben Sie die Hälfte des Gewichts der gekochten Körner aus der Zutatenliste gleichzeitig mit dem Hähnchen in die Suppe (prüfen Sie aber die Anleitung auf der Packung). Wie bei allen Hühnersuppen nehme ich ganze Hähnchenschenkel, weil sie dem Gericht mehr Aroma verleihen.

Alle ganzen Gewürze in der Gewürzmühle zu einem feinen Pulver mahlen.

In der Zwischenzeit das Pflanzenöl in einem großen, beschichteten Topf erhitzen. Zwiebeln und Curryblätter hineingeben und braten, bis die Zwiebeln an den Rändern goldbraun werden.

Knoblauch und Ingwer hinzufügen und 1 Minute bei niedriger Hitze anbraten, daraufhin die Gewürzmischung zusammen mit einem großzügigen Spritzer Wasser dazugeben. Weitere 3–4 Minuten garen, dann die Hähnchenschenkel, die Hühnerbrühe und etwas Salz hinzufügen. Nun 500 ml Wasser dazugießen und zum Kochen bringen. Die Temperatur auf eine niedrige Stufe stellen und den Topf zudecken. Dann 20 Minuten kochen, bis das Hähnchen gar ist, dabei gelegentlich umrühren. Machen Sie eine Garprobe, indem Sie den dicksten Hähnchenschenkel an der dicksten Stelle anstechen. Der heraustretende Fleischsaft sollte durchsichtig sein. Falls er noch rosa ist, die Hähnchenschenkel noch einige Minuten weiterkochen und dann erneut prüfen.

Die Hähnchenschenkel mit einem Schaumlöffel aus dem Topf nehmen und die Körner in die Suppe geben, dabei auf sehr niedriger Temperatur köcheln lassen. Sobald das Hähnchen soweit abgekühlt ist, dass man es anfassen kann, das Fleisch in großen Stücken von den Knochen lösen und zurück in den Topf geben. Die Tamarindenpaste einrühren, abschmecken und eventuell nachwürzen, dann servieren.

Schneller: *Vorgekochte gemischte Körner*

Ergibt 4 Portionen

Für die Gewürzmischung
1 Sternanis
1¾ TL schwarze Pfefferkörner
3 EL Koriandersamen
3 TL Kreuzkümmelsamen
2 TL Fenchelsamen
4 Gewürznelken
2,5 cm Cassia- oder Ceylon-Zimtstange

Für die Rasam-Suppe
3–4 EL Pflanzenöl
2 Zwiebeln, klein geschnitten
10 frische Curryblätter (optional)
5 große Knoblauchzehen, gerieben
25 g Ingwer, gerieben
5 große Hähnchenschenkel mit Knochen, ohne Haut
500 ml Hühnerbrühe
250 g vorgekochte ganze Körner (ich nehme eine Mischung aus Dinkel, Weizen und braunem Reis)
¾ TL Tamarindenpaste (oder nach Geschmack)
Salz

Goanisches Hähnchen in Kräutersauce

Dieses Rezept lässt sich ganz besonders einfach zubereiten und man muss nicht einmal Gemüse kleinschneiden! Man kocht die kräftige grüne Kräutersauce zusammen mit dem Hähnchen – beide ergänzen sich gegenseitig hervorragend –, bis die Sauce dickflüssig wird und sich an das fertig gegarte Fleisch anschmiegt. In Goa nennt man dieses Gericht Cafreal. Mit indischem Brot servieren.

Die Cashewkerne in einer kleine Schüssel geben und so viel Wasser dazugeben, dass sie gerade bedeckt sind. Beiseitestellen und einweichen lassen.

Alle Hähnchenunterschenkel an ihrer dicksten Stelle etwa dreimal einschneiden.

Für die grüne Paste alle ganzen Gewürze zu einem Pulver mahlen. Dieses Pulver mit Ingwer, Knoblauch, Essig, Koriandergrün, Chilischoten, Salz und so viel Wasser, wie nötig ist, mit einem Pürierstab oder einer kleinen Küchenmaschine zu einer glatten Paste verarbeiten. Die Hähnchenunterschenkel in einen tiefen Teller legen und komplett mit der Paste bedecken, zudecken und mindestens 20 Minuten marinieren – wenn Sie genug Zeit haben, am besten ein paar Stunden im Kühlschrank.

Das Pflanzenöl in einer großen, beschichteten Pfanne erhitzen. Hähnchen und Marinade hineingeben und zum Kochen bringen, dann die Temperatur reduzieren, zudecken und 20–25 Minuten köcheln lassen, dabei gelegentlich umrühren. Die Cashewkerne und das Wasser, in dem sie eingeweicht waren, mit einem Pürierstab glattrühren und nach der Hälfte der Garzeit zu der Sauce geben. Das Hähnchen gelingt am besten, wenn es in seinem eigenen Saft gart, versuchen Sie also, nicht zu viel Wasser dazuzugeben. Machen Sie eine Garprobe, indem Sie den größten Hähnchenunterschenkel an der dicksten Stelle anstechen. Der heraustretende Fleischsaft sollte durchsichtig sein. Falls er noch rosa ist, die Hähnchenunterschenkel noch einige Minuten weiterkochen und dann erneut prüfen.

Wenn sich zuviel Flüssigkeit in der Pfanne befindet, die letzten 5 Minuten den Deckel abnehmen. Die Sauce sollte dickflüssig sein, damit sie am Fleisch haftet. Abschmecken und nachwürzen, dann servieren.

Ergibt 4–5 Portionen

Für das Hähnchen
35 g Cashewkerne
10 große Hähnchenunterschenkel, ohne Haut
4 EL Pflanzenöl

Für die grüne Paste
8 Pfefferkörner
2 TL Koriandersamen
2,5 cm Zimtstange
6 Gewürznelken
6 grüne Kardamomkapseln
etwa 1 TL Kreuzkümmelsamen
10 g Ingwer, grob gehackt
8 große Knoblauchzehen
2 ½ EL Rot- oder Weißweinessig
240 g Korianderblätter und -stiele, gewaschen
2–4 ganze grüne Chilischoten, Samen entfernt
Salz

Superschnelle Kaschmir-Kebabs mit Joghurt und getrockneten Aprikosen

Diese Kebabs sind absolut köstlich und ein Sinnbild schneller und einfach zuzubereitender indischer Küche. Die Küche Kaschmirs begeistert mit vielen verschiedenen Lamm-Kebabs und -Fleischbällchen. Bei meiner Version ergeben herzhafte, süße, cremige, pikante, scharfe und kühle Aromen die reinste Geschmacksexplosion. Das ist lecker und wirklich etwas Besonderes. Wenn Sie keine Aprikosen mögen, können Sie diese weglassen und das Gericht stattdessen nur mit ein paar gehackten Minzeblättern bestreuen. Mit Naan oder Reis servieren.

Den Backofen auf 140 °C vorheizen.

Lammhackfleisch, Semmelbrösel, Ingwer, Knoblauch, ¾–1 TL Salz, Chilipulver, Garam Masala, 2 TL Fenchelsamen, ⅓ TL Pfeffer, Koriander- und Minzeblätter sowie 4 EL Joghurt in eine Schüssel geben. Alles gründlich vermischen und aus der Fleischmischung 16 Kugeln formen. Jede Kugel leicht flach drücken.

Ich brate diese Kugeln in zwei großen, beschichteten Pfannen. Wenn Sie keine zwei Pfannen zur Verfügung haben, können Sie sie auch in zwei Chargen braten – halten Sie die erste dann im Ofen warm. Die Hälfte des Pflanzenöls auf beide Pfannen aufteilen und erhitzen. Jeweils acht Kebabs hineingeben und braten, bis die untere Seite goldbraun und gar ist, wenden und 1 Minute weiterbraten. Dann in beide Pfannen je 75 ml heißes Wasser dazugeben sowie eine großzügige Prise Salz. Die restlichen Fenchelsamen auf beide Pfannen verteilen, zudecken und weitere 3–4 Minuten garen.

In der Zwischenzeit den verbliebenen Joghurt mit etwas Salz verrühren.

Sobald die Lamm-Kebabs gar sind, auf einen vorgewärmten Teller legen und mit Alufolie abdecken. Die Flüssigkeit in den Pfannen wieder zum Kochen bringen, dabei eventuelle Reste vom Pfannenboden lösen, und bis auf 6–8 EL reduzieren. Diese Sauce über die Lamm-Kebabs geben. Gleichmäßig mit dem Joghurt bedecken, die Aprikosen darüber verteilen und mit weiteren Minzeblättern bestreuen. Sofort servieren.

Ergibt 4 Portionen

- 400 g Lammhackfleisch
- 6 EL Semmelbrösel (ca. 2 kleine Scheiben Brot)
- 15 g Ingwer, gerieben
- 4 große Knoblauchzehen, zerrieben
- ½ TL Chilipulver (oder nach Geschmack)
- 1½ TL Garam Masala
- 3½ TL gemahlene Fenchelsamen
- 50 g Korianderblätter, gehackt
- 3 EL gehackte Minzeblätter zzgl. etwas zum Servieren (optional)
- 400 g Naturjoghurt
- 3 EL Pflanzenöl
- 6 getrocknete Aprikosen, in kleine Stücke geschnitten
- Salz und frisch gemahlener schwarzer Pfeffer

EINFACH UND LECKER

TÖPFCHEN RICOTTA

Ich liebe Panir, einen indischen Frischkäse, über alles. Doch seine Konsistenz fällt ausgesprochen unterschiedlich aus, zudem bekommt man ihn nicht so leicht im Supermarkt. In den folgenden Backrezepten eignet sich der milde, cremige Ricotta ausgezeichnet als Ersatz dafür. Deswegen habe ich stets ein Töpfchen davon im Kühlschrank.

Gebackener Mangold mit Ricotta

Das Chutney sorgt für einen herrlich pikanten, scharfen und um Knoblauch ergänzten Kontrast zu diesem wundervollen cremigen Gericht und kann gut vorbereitet werden.

Ergibt 5–6 Portionen

weiche Butter für die Backform
2 EL Olivenöl
1½ TL Kreuzkümmelsamen
1 große Zwiebel, fein gehackt
5 große Knoblauchzehen, fein gehackt
150 g Mangold, grob gehackt
½ TL Garam Masala
1 Ei, leicht verquirlt
500 g Ricotta
25 g Pinienkerne
Salz und frisch gemahlener schwarzer Pfeffer

Den Backofen auf 190 °C vorheizen und ein Backblech auf die mittlere Schiene einschieben. Eine Springform von 20 cm Ø großzügig mit Butter ausfetten.

Das Olivenöl in einem großen, beschichteten Wok erhitzen. Die Kreuzkümmelsamen hineingeben und rösten, bis sie braun sind. Die Zwiebel hinzufügen und anbraten, bis sie an den Rändern goldbraun wird. Den Knoblauch dazugeben und etwa 1 Minute anbraten. Mangold, Garam Masala und etwas Salz einrühren und etwa 8–10 Minuten garen, bis der Mangold zusammenfällt. Vom Herd nehmen.

In einer Schüssel das Ei unter den Ricotta schlagen, bis beides gut vermischt ist. Die Ricottamischung in den Mangold einrühren und mit Salz und Pfeffer würzen. Die Mangold-Ricotta-Mischung in die Backform geben und mit den Pinienkernen bestreuen. Die Backform auf das heiße Backblech stellen und 35 Minuten backen, bis die Mangold-Ricotta-Mischung goldbraun und fest wird.

Wenn's schnell gehen soll: Tomaten-Chili-Chutney mit gegrillter Paprika

8 große Knoblauchzehen, 1 rote Chilischote (Samen entfernt) und 6 reife Strauchtomaten, geviertelt, zu einer gleichmäßigen Paste pürieren. 2 EL Pflanzenöl in einem Topf erhitzen und die Paste mit 1 Prise Salz dazugeben. Etwa 25 Minuten köcheln, dabei gelegentlich umrühren, bis die Mischung reduziert und Öl aus der Paste austritt. Abschmecken – es sollte „rund" schmecken. 1 gegrillte, enthäutete Paprika aus dem Glas in kleine Stückchen schneiden und unterrühren. Das Chutney noch einige Minuten weiterkochen. Ergibt 6 Portionen

Auberginenröllchen mit Ricotta in Tomatensauce

Dieses Gericht ist so köstlich, dass man es am liebsten am nächsten Tag gleich wieder zubereiten möchte. Die Kombination der saftigen Auberginen mit dem cremigen Ricotta ist ein echtes Geschmackserlebnis. Oft gebe ich noch ein paar Spinatblätter dazu, um das Gericht um einige Vitamine zu ergänzen. Im Sommer sollte man eher frische Tomaten verwenden, im Winter eher Tomaten aus der Dose. Ich serviere zu diesem Gericht Salat und Naan oder knuspriges Weißbrot als Beilage.

Die Tomaten mit etwas Wasser glatt rühren, am besten mit einem Pürierstab. Die Auberginen leicht mit Salz und Pfeffer würzen. Das Pflanzenöl in einem großen, beschichteten Topf erhitzen. Die Fenchelsamen dazugeben und 10 Sekunden anbraten, dann die Zwiebel hinzufügen und anbraten, bis sie an den Rändern hellbraun wird. Den Knoblauch hineingeben und etwa 1 Minute anbraten. Pürierte Tomaten, Tomatenmark, Chilischote, Koriander sowie Salz und Pfeffer dazugeben. Bei mittlerer Hitze unter gelegentlichem Umrühren etwa 15 Minuten weiterbraten, bis die Mischung sich zu einer Paste verdickt und Öl freisetzt. Abschmecken – es sollte „rund" schmecken. 150 ml Wasser dazugießen, zum Kochen bringen und 4–5 Minuten köcheln lassen, bis eine cremige Sauce entsteht. Wieder abschmecken und nachwürzen, etwas Zucker hinzufügen, wenn die Tomaten zu säuerlich sind.

In der Zwischenzeit die Auberginen braten: Dafür großzügig Pflanzenöl in eine große Pfanne geben und so viele Auberginenscheiben wie möglich in die Pfanne legen und bei mittlerer Hitze etwa 3 Minuten braten, bis die untere Seite goldbraun ist. Dann die Scheiben wenden und nochmals etwa 3 Minuten braten. Die Auberginenscheiben aus der Pfanne nehmen und auf einen Teller legen. Mit den übrigen Scheiben genauso verfahren, bis alle gebraten sind. Alternativ können Sie die Auberginenscheiben auch im auf 180 °C vorgeheizten Backofen backen. Dafür die Scheiben großzügig mit Öl bestreichen, Salz und Pfeffer darüberstreuen, auf ein Backblech legen und 15–20 Minuten braten, bis sie vollständig weich sind.

Ricotta, rote Zwiebel und Minzeblätter vermischen. Mit Salz und Pfeffer würzen. Von dieser Mischung jeweils 1 EL auf jede Auberginenscheibe geben, in etwa 2,5 cm Entfernung vom Rand. Die Scheiben dann sorgfältig zusammenrollen, dabei darauf achten, dass der Ricotta nicht ausläuft. Diese Röllchen dann mit der Nahtseite nach unten in die Tomatensauce legen, noch mit etwas Tomatensauce bedecken und dann bei sanfter Hitze 3–4 Minuten garen. Heiß servieren.

Ergibt 3–4 Portionen

- 3 Tomaten, geviertelt und entkernt
- 2 Auberginen, längs in 1 cm dicke Scheiben geschnitten (12 Scheiben)
- 3 EL Pflanzenöl zzgl. etwas für die Auberginen
- ¾ TL Fenchelsamen
- 1 große Zwiebel, gehackt
- 4 große Knoblauchzehen, zerrieben
- 2 TL Tomatenmark
- ½ große rote Chilischote, in dünne Ringe geschnitten
- 1 TL gemahlener Koriander
- Zucker (bei Bedarf)
- 225 g Ricotta
- ½ kleine rote Zwiebel, fein gehackt
- 1 EL gehackte Minzeblätter
- Salz und frisch gemahlener schwarzer Pfeffer

Ofenfisch mit Kräuterdressing und zitronenfrischem Kartoffel-Bohnen-Brei

Dieses wirklich sommerliche Rezept eignet sich ideal, um schnell und einfach eine Mahlzeit für andere vorzubereiten. Aber auch, um sich selbst eine Freude zu machen. Für dieses Gericht kann man sehr gut Seebrasse nehmen, aber es spricht nichts dagegen, auch mit anderen Fischsorten zu experimentieren! Das Korianderchutney lässt sich schnell zubereiten – ich stelle meistens eine größere Menge her und bewahre sie im Tiefkühlfach auf – und der Bohnenbrei verleiht dem Gericht eine wunderbare, herzhaft cremige Note. Dazu passen hervorragend einer der vielen Salate in diesem Buch oder ein Pilaw und der Spinat mit gebratenen Königskümmelsamen (s. S. 135).

Den Backofen auf 190 °C vorheizen. Für den Fisch Zitronensaft mit Olivenöl und Knoblauch vermischen und dann mit Salz und Pfeffer würzen.

Die Kartoffeln für den Kartoffelbrei kochen, bis sie gar sind, dann abtropfen und zerdrücken.

In der Zwischenzeit jeden der Fische auf beiden Seiten drei Mal einschneiden. Die Fische rundum und in der Bauchhöhle mit Salz und Pfeffer würzen.

Jeweils 1 EL Chutney pro Fisch in die Einschnitte auf der Oberfläche einreiben und den Rest in die Bauchhöhle geben. Ein Backblech mit Backpapier auslegen, die Zitronenscheiben darauf verteilen und die gewürzten Fische auf die Zitronenscheiben legen. Etwa 1 EL von der Zitronensaft-Öl-Mischung auf jedem Fisch verteilen. In den Ofen schieben und 18–20 Minuten backen, bis die Fische gar sind.

In der Zwischenzeit das Olivenöl für den Kartoffelbrei erhitzen und das Panch Phoron hineingeben; sobald das Brutzeln nachgelassen hat, die Frühlingszwiebel hinzufügen und etwa 1 Minute anbraten, bis sie relativ weich ist. Die Temperatur reduzieren.

Die Bohnen mit der Crème fraîche und der Milch pürieren, dann großzügig mit Salz und Pfeffer würzen. Das Bohnenmus mit dem Kartoffelbrei in eine Pfanne geben, Erwärmen und dabei gründlich umrühren. Abschmecken, eventuell nachwürzen und nach Geschmack Zitronensaft dazugeben – es sollte angenehm pikant schmecken.

Vor dem Servieren den Rest der Zitronensaft-Mischung in das restliche Korianderchutney einrühren. Den Fisch aus dem Backofen nehmen, mit der Flüssigkeit vom Backblech begießen und dann auf vorgewärmten Tellern mit der Chutneymischung und dem Kartoffel-Bohnen-Brei servieren.

Ergibt 4 Portionen

Für den Fisch und das Dressing

4 EL frisch gepresster Zitronensaft zzgl. einige Zitronenscheiben

4 EL Olivenöl

4 Knoblauchzehen, zerrieben

4 mittelgroße Seebrassen, küchenfertig vorbereitet

8 EL Pikantes Korianderchutney (s. S. 154)

Salz und frisch gemahlener schwarzer Pfeffer

Für den Kartoffelbrei mit Cannellini-Bohnen

250 g Kartoffeln (mehligkochend, z. B. Ackersegen oder Adretta), geschält

2 EL natives Olivenöl Extra

½ TL Fünf-Gewürz-Mischung (im Handel als *Panch Phoron* erhältlich oder selbst zubereitetes Panch Phoron, s. S. 122)

1 große Frühlingszwiebel, diagonal in Ringe geschnitten

½ Dose Cannellini-Bohnen (Abtropfgewicht 115 g), abgespült

4 El Crème fraîche

3 EL Milch

2 EL frisch gepresster Zitronensaft (oder nach Geschmack)

Burmesisches Hähnchen-Kokos-Curry

Ich war noch nie in Burma, aber dieses spezielle Curry hat seinen Weg nach Indien gefunden und ist zu einem beliebten Gericht für Abendgesellschaften geworden. Ich liebe es. Es ist beeindruckend, erfordert aber wenig Aufwand bei der Zubereitung.

Das Pflanzenöl in einem großen, beschichteten Topf erhitzen. Die Zwiebeln hineingeben und anbraten, bis sie an den Rändern goldbraun werden. In der Zwischenzeit Ingwer und Knoblauch mit etwas Wasser zu einer Paste verrühren, am besten mit einem Pürierstab. Zu den Zwiebeln hinzufügen und braten, bis das Wasser verdampft ist und der Knoblauch 1 Minute Zeit zum Garen hatte. Falls die Mischung im Topf festklebt, noch etwas Wasser dazugeben. Das Kichererbsenmehl löffelweise hinzufügen und 1 Minute einrühren. Nun einen großzügigen Spritzer Wasser sowie die gemahlenen Gewürze dazugeben und 3–4 Minuten braten.

Hühnerbrühe und Kokosmilch in den Topf gießen, zum Kochen bringen, dann die Hitze reduzieren und 5 Minuten köcheln lassen. Das Hähnchen, die Tomate und die Kokossahne dazugeben, wieder aufkochen lassen, die Hitze reduzieren und weitere 7–8 Minuten köcheln lassen, bis das Fleisch gar ist. Den Zitronensaft einrühren, abschmecken und nach Geschmack Salz und Zitronensaft hinzufügen.

In der Zwischenzeit so viele Beilagen zubereiten, wie Sie möchten oder können, und diese in kleinen Schüsseln oder auf kleinen Tellern anrichten. Diese Beilagen sind es, die das Gericht unvergesslich machen – also je mehr, desto besser!

Schneller:
Fertige, knusprige Schalotten

Ergibt 4 Portionen

2 EL Pflanzenöl
2 Zwiebeln, in Ringe geschnitten
30 g Ingwer, grob gehackt
7 große Knoblauchzehen
etwa 2 EL Kichererbsenmehl
¾ TL Kurkuma
1 EL gemahlener Koriander
2 TL gemahlener Kreuzkümmel
2 TL Garam Masala
250 ml Hühnerbrühe
1 Dose Kokosmilch (400 g)
500 g Hähnchenschenkel ohne Knochen, jeweils in 3 Stücke geschnitten
1 große Tomate, fein gehackt
60 g Kokossahne
2 EL frisch gepresster Zitronensaft (oder nach Geschmack)
Salz

Für die Beilagen
gekaufte, knusprig frittierte Schalotten, oder selbst zubereitete (s. S. 134)
2 Frühlingszwiebeln, in Ringe geschnitten
3 hartgekochte Eier, geviertelt
2 lange rote Chilischoten, in dünne Ringe geschnitten
35 g geröstete Erdnüsse
Eiernudeln (etwa 800 g), zubereitet entsprechend der Packungsanleitung
30 g Korianderblätter, gehackt
Zitronenspalten

Tamarinden-Hähnchen-Curry

Dieses fabelhafte Curry bringt das besondere Flair von Südindien auf den Tisch. Die Tamarinden verleihen dem Gericht eine fruchtige Säure. Bei diesem Gericht ist es wichtig, Hähnchenschenkel zu verwenden, weil Sie das Aroma der Knochen benötigen, um die Tamarinden abzurunden und auszugleichen; die Zubereitung dauert etwa 20 Minuten länger als die von Fleisch ohne Knochen, aber das Curry kocht sich fast von allein und ist es wert. Tamarinden variieren von ihrer Säure und Konsistenz her stark, deswegen müssen Sie diese je nach Geschmack dazugeben. Als Beilage passen indische Brote – ich bevorzuge hierfür Paratha.

Das Pflanzenöl in einem beschichteten Topf erhitzen. Die Senfsamen dazugeben und braten, bis die Samen aufgeplatzt sind. Curryblätter und Zwiebeln hinzufügen und anbraten, bis die Zwiebeln goldbraun sind. In der Zwischenzeit Ingwer und Knoblauch mit etwas Wasser zu einer Paste verrühren, am besten mit einem Pürierstab, und dann zu den gebratenen Zwiebeln hinzufügen. Das überschüssige Wasser verdampfen lassen und noch 1 Minute weiterbraten. Die gemahlenen Gewürze und etwas Salz mit einem kleinen Spritzer Wasser dazugeben und wieder 1 Minute braten.

Das Hähnchen und die Chilischoten hinzufügen und gründlich in das Masala einrühren. Soviel Wasser dazugießen, dass das Hähnchen zur Hälfte bedeckt ist. Zum Kochen bringen, dann zudecken, die Hitze reduzieren und 30 Minuten köcheln lassen, bis das Hähnchen fast gar ist. Dabei gelegentlich umrühren und, falls nötig, noch einen Spritzer Wasser dazugeben.

Deckel abnehmen und alle überschüssige Flüssigkeit verkochen lassen; die Sauce sollte ungefähr die Konsistenz von Crème double haben. Währenddessen die Tamarindenpaste einrühren und weiterkochen, bis die gewünschte Konsistenz erreicht ist. Abschmecken, eventuell nachwürzen und servieren.

Ergibt 4–6 Portionen

5 EL Pflanzenöl
1 TL Senfsamen
15 frische Curryblätter
3 Zwiebeln, in Ringe geschnitten
30 g Ingwer, grob gehackt
10 große Knoblauchzehen
1 EL gemahlener Koriander
⅔ TL Kurkuma
1 TL gemahlener Kreuzkümmel
1½ TL Garam Masala
8 große Hähnchenschenkel, mit Knochen und ohne Haut oder 800 g andere Hähnchenteile
2–5 ganze grüne Chilischoten, eingestochen (optional)
1½–2 TL Tamarindenpaste (s. Rezepteinleitung), aufgelöst in 4 EL heißem Wasser
Salz und frisch gemahlener schwarzer Pfeffer

Enten-Pflaumen-Curry

Dieses Gericht für besondere Anlässe verbindet die Aromen Nordindiens mit Ente und Pflaumen aus Agen – freuen Sie sich auf ein herrliches, komplexes Geschmackserlebnis, das alle begeistern wird. Servieren Sie dazu einen einfachen Pilaw oder cremigen Kartoffelbrei. Falls Sie es sich nicht zutrauen, die Entenkeulen zu häuten, bitten Sie Ihren Fleischer darum.

Tomaten, Ingwer, Knoblauch, Gewürze und etwas Wasser mit einem Pürierstab zu einer glatten Paste verarbeiten.

Das Pflanzenöl in einer großen, beschichteten Pfanne erhitzen und die Zwiebeln darin anbraten, bis sie gut gebräunt sind. Ente, Tomatenmischung und etwas Salz hineinrühren und zum Kochen bringen. Zudecken, die Hitze reduzieren und 60–80 Minuten köcheln lassen, bis die Ente ganz zart ist. Die Entenschenkel beim Umrühren der Sauce gelegentlich ebenfalls wenden; je öfter sie umgerührt wird, desto homogener wird die Sauce. Nur dann etwas Wasser aus dem Wasserkocher dazugeben, wenn es nötig ist – die Kochflüssigkeit sollte nie höher als bis zur Hälfte der Ente reichen.

Wenn die Ente gar ist, die Pflaumen und die Hälfte der Korianderblätter dazugeben, dann die Konsistenz der Sauce anpassen – also entweder überschüssiges Wasser verkochen lassen oder, was wahrscheinlicher ist, einen Spritzer Wasser aus dem Wasserkocher dazugeben. Die Sauce sollte cremig werden. Abschmecken und eventuell nachwürzen. Mit den restlichen Korianderblättern sowie mit etwas Sahne oder Saurer Sahne garnieren, dann servieren.

Ergibt 4 Portionen

2 Tomaten, geviertelt
30 g Ingwer, grob gehackt
6 große Knoblauchzehen
1 TL gemahlener Kreuzkümmel
½–¾ TL Chilipulver oder Paprikapulver, falls Sie die Farbe
  ohne Schärfe bevorzugen
2 TL gemahlener Koriander
2 TL Garam Masala
4–5 EL Pflanzenöl
2 Zwiebeln, fein gehackt
4 Entenkeulen (1 kg) (Unter-
  und Oberkeulen zusammen),
  enthäutet
70 g getrocknete Pflaumen
  (z. B. Agen-Pflaumen)
30 g Korianderblätter
geschlagene Sahne oder
  Saure Sahne (optional)
Salz und frisch gemahlener
  schwarzer Pfeffer

SLOW & EASY

Gerösteter Schweinebauch aus Goa

Eine köstliche Kombination von Aromen. Das Schweinefleisch wird fantastisch würzig, pikant und voller Geschmack. Meine Version wird im Ofen geröstet, weil sich das leicht zubereiten lässt, und weil der Schweinebauch dadurch herrlich knusprig wird. Servieren Sie dazu Kartoffelbrei, Goanischen Tomatenreis (s. S. 80) oder Goanischen Kokosreis (s. S. 130) oder einfach einen einfachen Salat, z. B. Leicht pikanter Selleriesalat mit Kapern (s. S. 138).

Am Vorabend oder spätestens am Morgen vor dem geplanten Abendessen den Schweinebauch vorbereiten. Mit einem scharfen Messer die Haut in Abständen von 1 cm einritzen. Alternativ können Sie auch Ihren Fleischer darum bitten. Das Fleischstück auf einen Teller in der Spüle setzen, mit der Hautseite nach oben, und kochendes Wasser darübergießen – dadurch wird die Haut knusprig. Mit Küchenpapier trockentupfen.

Das Schweinefleisch mit der Hautseite nach unten auf ein Brett legen und mit einer Gabel alle Seiten des Fleisches außer der Haut gründlich einstechen, damit später die Marinade eindringen kann – etwa 40–50 Einstiche.

Alle Zutaten für die Marinade mit knapp 1 TL Salz, 1 TL Pfeffer und 2 EL Wasser zu einer glatten Paste verarbeiten, am besten mit einem Pürierstab. Das Fleisch gründlich mit der Marinade einreiben, dabei nur die Haut auslassen. Das Fleischstück mit der Hautseite nach oben in eine Schale legen, in der es gerade Platz findet. Über Nacht oder wenigstens für 5–6 Stunden in den Kühlschrank stellen (ohne Abdeckung, damit die Haut austrocknen kann). Dabei darauf achten, dass die Marinade nur das Fleisch und nicht die Haut bedeckt.

Vor der weiteren Zubereitung das Fleisch aus dem Kühlschrank nehmen und wieder auf Zimmertemperatur bringen.

Den Ofen auf 150 °C vorheizen.

Die gemahlenen Fenchelsamen mit ¾ TL Salz mischen, gleichmäßig auf der Hautseite des Schweinefleischs verteilen und gründlich einreiben. Das Fleischstück in eine Bratform setzen und rundum 240 ml Wasser angießen (das Wasser sollte dabei nicht bis an die Haut reichen) und mittig in den Ofen stellen. Den Schweinebauch 2 ½ Stunden braten. Die Ofentemperatur auf 220 °C erhöhen und weitere 30 Minuten braten, dabei alle 10 Minuten den Flüssigkeitsstand prüfen und noch etwas Wasser dazugeben, wenn es zu trocken ist.

Das Schweinefleisch aus dem Ofen nehmen, mit Alufolie abdecken und 15–20 Minuten ruhen lassen. Alles überschüssige Fett aus der Bratform entfernen, dann den Bratensaft abschmecken und nachwürzen, nach Wunsch Ahornsirup dazugeben, und bei mittlerer Hitze etwas einkochen, wenn er zu dünn ist. Das Schweinefleisch mit dem Bratensaft servieren – das ist keine große Menge, hat aber ein herrlich intensiver Geschmack.

Ergibt 6 Portionen

Für das Schweinefleisch
1,2 kg Schweinebauch
1½ TL Fenchelsamen, leicht geröstet, dann gemahlen (s. S. 92)
1 EL Ahornsirup (optional)
Salz

Für die Marinade
4 große Knoblauchzehen
15 g Ingwer, grob gehackt
1 TL Chilipulver
¾ TL gemahlener Kreuzkümmel
⅓ TL Kurkuma
1 EL Rot- oder Weißweinessig
frisch gepresster Saft von ½ Zitrone
Salz und frisch gemahlener schwarzer Pfeffer

SLOW & EASY

Herzhaftes Lammcurry

Ein herrlich geschmackvolles Lammcurry im nordindischen Stil, das wirklich einfach zuzubereiten ist. Panch Phoron ist eine Gewürzmischung aus Kreuzkümmel-, Schwarzkümmel-, Fenchel- und Bockshornkleesamen sowie Senfkörnern. Es fügt den Gerichten eine markante, typisch indische Note hinzu. Panch Phoron ist problemlos in asiatischen Lebensmittelgeschäften und Online erhältlich – lässt sich aber ganz einfach auch selber mischen (siehe unten). Servieren Sie dieses Curry mit indischem Brot.

Das Öl in einer großen Pfanne erhitzen. (Wenn Sie Senföl verwenden, dieses so lange erhitzen, bis es den Rauchpunkt erreicht. Die Pfanne vom Herd nehmen, 30 Sekunden abkühlen lassen und wieder auf den Herd stellen.) Das Panch Phoron hineingeben, die Hitze reduzieren und die Gewürzmischung braten, bis ein Großteil der Samen geplatzt ist. Die Temperatur erhöhen, die Zwiebeln hinzufügen und so lange braten, bis sie an den Rändern goldbraun sind.

In der Zwischenzeit Ingwer, Knoblauch und etwas Wasser mit einem Pürierstab zu einer glatten Paste verarbeiten. Die Ingwer-Knoblauch-Paste mit etwas Salz, Kreuzkümmel, Koriander und Chilipulver zu den Zwiebeln geben. Etwa 2 Minuten braten, bis das Wasser verdampft ist und der Knoblauch damit Zeit zum Garen hatte.

Das Lammfleisch hinzufügen und bei hoher Temperatur scharf anbraten, dabei oft umrühren, damit die Gewürzmischung das Fleisch gut umschließt und nicht anbrennt. Mit einem Spritzer Wasser ablöschen, Tomaten und Chilischoten hinzufügen. Zum Kochen bringen, zudecken, die Hitze reduzieren und rund 1¼ Stunden kochen, bis das Lamm ist zart. Gelegentlich umrühren, um sicherzustellen, dass nichts am Pfannenboden kleben bleibt. Wenn zu wenig Flüssigkeit in der Pfanne ist, etwas Wasser hinzugeben.

Garam Masala und Korianderblätter einrühren, abschmecken und servieren.

Ergibt 4 Portionen

6 EL Senf- oder Pflanzenöl
2 TL Fünf-Gewürz-Mischung (im Handel als *Panch Phoron* erhältlich oder selbst zubereitetes Panch Phoron, s. unten)
2 große Zwiebeln, gehackt
25 g Ingwer, grob gehackt
9 große Knoblauchzehen
1 TL gemahlener Kreuzkümmel
2 TL gemahlener Koriander
½–½ TL Chilipulver
600 g Lammkeule, ohne Knochen, in 2,5 cm große Würfel geschnitten
4 Tomaten, in Spalten geschnitten
2–4 grüne Chilischoten, eingestochen
1½ TL Garam Masala
30 g Korianderblätter, gehackt
Salz und frisch gemahlener schwarzer Pfeffer

Noch feiner: *Panch Phoron selber mischen*

Wenn Sie kein fertiges Panch Phoron vorrätig haben, dann mischen Sie einfach die folgenden fünf Arten von Samen: Kreuzkümmel, Schwarzkümmel, Fenchel, Bockshornklee und Senf. Verwenden Sie für Ihre Mischung von jeder Sorte die gleiche Menge. Nur bei den Bockshornkleesamen müssen Sie die Menge halbieren. Mischen Sie Panch Phoron immer nur in kleinen Mengen an und verwenden auch nur die in den Rezepten angegebene Dosierung.

Rindfleisch-Rendang

Dieses Curry ist süß, würzig und hat ein wunderbares Kokosaroma. Der absolute Star aber ist das schmelzend zarte Rindfleisch. Diese indische Version des südostasiatischen Klassikers Rendang ist ganz einfach in der Zubereitung. Es dauert nur 20 Minuten, bis ein Gericht auf dem Tisch steht, das Sie sicherlich immer wieder kochen werden. Servieren Sie es mit Reis.

Den Backofen auf 180 °C vorheizen.

Für die Gewürzpaste Schalotten, Knoblauch, Ingwer, Chilischoten, Zitronengras und ein wenig Wasser mit einem Pürierstab glatt rühren.

Das Öl in einer mittelgroßen, beschichteten Pfanne erhitzen. Die ganze Gewürze sowie die Gewürzpaste hineingeben, aus dieser die gesamte überschüssige Flüssigkeit verdampfen lassen und die Gewürzmischung 5–7 Minuten unter ständigem Rühren anbraten. Falls sie anzubrennen droht, einen Spritzer Wasser dazugeben.

Das Rindfleisch und die Zwiebeln dazugeben und weitere 3–5 Minuten zusammen mit der Gewürzmischung unter häufigem Rühren anbraten, bis das Rindfleisch gebräunt ist. Kokosmilch, Limettenschale, Palmzucker und Zitronengras hinzufügen. Zum Kochen bringen, dann die Pfanne zudecken und in den Backofen stellen. Etwa 1½ Stunden garen lassen, oder so lange, bis das Rindfleisch schmelzend zart ist. Während der Kochzeit immer wieder umrühren, damit die Fleischstücke gleichmäßig gar werden.

Wenn das Fleisch zart ist, die Pfanne aus dem Ofen nehmen und wieder auf den Herd stellen. Tamarindenpaste, Kokossahne und Garam Masala einrühren. Abschmecken und eventuell nachwürzen, den Limettensaft nach Geschmack dazugeben. Heiß servieren.

Ergibt 6 Portionen

Für die Gewürzpaste

6 Schalotten, geschält und geviertelt
8 große Knoblauchzehen, zerrieben
30 g Ingwer, grob gehackt
3–4 getrocknete rote Chilischoten (optional), Samen entfernt
2 Stängel Zitronengras, geputzt und gehackt

Für das Rendang

5 EL Pflanzenöl
6 grüne Kardamomkapseln
2 Sternanis
2 cm Cassia- oder Ceylon-Zimtstange
1 kg Rindfleisch (z. B. Hochrippe, Bug oder Lende), in 2,5cm große Würfel geschnitten
2 Zwiebeln, in Ringe geschnitten
1 Dose Kokosmilch (400g)
fein abgeriebene Schale und Saft von 1 Limette
2 TL Palmzucker oder andere Zucker
2 Stängel Zitronengras, geputzt
1½ TL Tamarindenpaste (oder nach Geschmack)
50 g Kokossahne, in 50 ml heißem Wasser aufgelöst
1 TL Garam Masala
Salz und frisch gemahlener schwarzer Pfeffer

Geschmorte Lammkeule

In Indien wird eine ganze Lammkeule nur zu besonderen Anlässen gebraten. Die Lammkeule wird in der Regel über Nacht mariniert, damit die Gewürze Zeit haben, tief in das Fleisch einzudringen, und dann am nächsten Tag stundenlang geschmort, bis das Fleisch fast vom Knochen fällt. Dies ist eine einfache Version dieses besonderen Gerichtes, die natürlich auch mit vielen Gewürzen verfeinert ist. Die Zubereitung im Ofen geht praktisch von selbst. Servieren Sie die Lammkeule mit einem eleganten Pilaw, Naan, Gemüse oder Salaten, oder einfach nur mit einem schönen Raita. Je länger das Fleisch mariniert – am besten über Nacht – desto besser wird natürlich das Ergebnis.

Alle ganzen Gewürze und die Lorbeerblätter mit einer Gewürzmühle oder einem Mörser und Stößel zu einem feinen Pulver mahlen.

Ingwer, Knoblauch, Essig, Öl und etwas Joghurt mit dem Pürierstab zu einer glatten Paste verarbeiten. Die gemahlenen Gewürze, Chilipulver, ¾–1 TL Salz und den restlichen Joghurt unterrühren.

Die Lammkeule wiegen, das Gewicht notieren und auf eine große Platte legen. Mit einem kleinen scharfen Messer, über die gesamte Oberfläche verteilt, viele kleine Schlitze in das Fleisch ritzen. Die Marinade über die gesamte Keule verteilen und vor allem auch in die Schlitze einarbeiten. Das Fleisch abdecken und mindestens 2–3 Stunden im Kühlschrank marinieren, idealerweise sogar über Nacht.

Vor der weiteren Zubereitung das Fleisch aus dem Kühlschrank nehmen und wieder auf Zimmertemperatur bringen. Den Ofen auf 180 °C vorheizen. Die Lammkeule in einen Bräter geben und die gesamt Marinade hinzufügen. Den Deckel auflegen oder mit Alufolie abdecken und den Bräter auf die mittlere Schiene des Ofens stellen.

Jetzt die Lammkeule 22 Minuten pro 500 g Gewicht braten und am Ende der errechneten Garzeit weitere 20 Minuten zugeben. Nach 1 Stunde den Deckel oder die Folie abnehmen, 100 ml Wasser in den Bräter gießen und weiterbraten. Die Lammkeule alle 20–30 Minuten mit dem Bratensaft begießen und darauf achten, dass im Bräter nicht zu wenig Flüssigkeit ist und eventuell etwas Wasser nachgießen.

Nach der Garzeit den Bräter aus dem Backofen nehmen, die Lammkeule auf eine Servierplatte legen, mit Alufolie und einem Geschirrtuch abdecken und für 15–20 Minuten ruhen lassen. Überschüssiges Fett aus dem Bratensaft entfernen, abschmecken und eventuell nachwürzen. Das Fleisch aufschneiden und zusammen mit dem Bratensaft servieren.

Ergibt 6–8 Portionen

9 Gewürznelken
8 grüne Kardamomkapseln
3 schwarze Kardamomkapseln
½–¾ TL schwarze Pfefferkörner
7,5 cm Zimtstange
1½ TL Kreuzkümmelsamen
3 getrocknete Lorbeerblätter
75 g Ingwer, grob gehackt
8 große Knoblauchzehen
3 TL Rotweinessig
2 EL Pflanzenöl
150 g Naturjoghurt
¾ TL Chilipulver
1,8–2 kg Lammkeule (mit oder
  ohne Knochen)
Salz

SLOW
&
EASY

Wildfleisch-Curry

Ein schnell zubereitetes, würziges Gericht, das auch mit Lammfleisch sehr gut schmeckt. Als Beilage passen Raita und indische Brote.

Die Chilischoten (bei Verwendung) für 30 Minuten in heißem Wasser einweichen, dann abtropfen lassen.

Das Pflanzenöl oder das Ghee in einer beschichteten Pfanne erhitzen und das Fleisch von allen Seiten anbraten. In einer Schüssel beiseitestellen. Die Zwiebel braten, bis sie an den Rändern karamellisieren.

Ingwer, Knoblauch, eingeweichte Chilischoten (bei Verwendung) und etwas Wasser zu einer Paste verarbeiten. In die Pfanne geben und braten, bis der Knoblauch gar duftet. Joghurt und gemahlene Gewürze (einschließlich Chilipulver, wenn keine Chilischoten verwendet wurden) hinzufügen und unter Rühren braten, bis aus der Paste Öl austritt. Jetzt einen Spitzer Wasser hinzufügen. Das Fleisch zusammen mit dem Fleischsaft in die Pfanne geben, mit Salz und Pfeffer würzen und unter das Masala rühren. Die Hühnerbrühe hinzugießen und aufkochen. Die Hitze reduzieren und das Curry 4–5 Minuten köcheln lassen. Abschmecken und noch einmal nach Geschmack mit Salz und Pfeffer sowie Zitronensaft nachwürzen. Mit den Korianderblättern und den knusprigen Schalotten garnieren und servieren.

Ergibt 4 Portionen

3–4 getrocknete Chilischoten (idealerweise Kaschmiri) oder ½–1 TL Chilipulver
4 EL Pflanzenöl oder Ghee, oder eine Mischung
500 g Hirschsteak, in 2,5 cm große Würfel geschnitten
1 Zwiebel, in Ringe geschnitten
30 g Ingwer, gerieben
6 große Knoblauchzehen
150 g Naturjoghurt
¼ TL gemahlene Gewürznelken oder 6 ganze Gewürznelken
3 TL gemahlener Koriander
½ TL gemahlener Kreuzkümmel
1 TL Garam Masala
200 ml Hühnerbrühe
frisch gepresster Zitronensaft (optional)
30 g Korianderblätter, gehackt
gekaufte, knusprig frittierte Schalotten, oder selbst zubereitete (s. S. 134)(optional)
Salz und frisch gemahlener schwarzer Pfeffer

Schneller:
Fertige knusprige Schalotten

Würzige Auberginen mit weißen Bohnen

Nach diesem leckeren, wunderbar ausgewogenen vegetarischen Curry werden Sie sich alle Finger ablecken. Ich füge gerne ein wenig Sahne hinzu, weil ich finde, dass sie die Aromen zusammenbringt. Wenn Sie ein gutes reines Senföl haben, so verwenden Sie es hier. Damit bekommt das Gericht noch zusätzlich Geschmack. Mit indischem Brot und Raita als Beilagen servieren.

Das Pflanzen- oder Senföl in einer großen, beschichteten Pfanne erhitzen. (Wenn Sie Senföl verwenden, dieses so lange erhitzen, bis es den Rauchpunkt erreicht. Die Pfanne vom Herd nehmen, 30 Sekunden abkühlen lassen und wieder auf den Herd stellen.) 2 TL Panch Phoron hineingeben und braten, bis ein Großteil der Samen geplatzt ist. Zwiebel und Ingwer hinzufügen und so lange braten, bis beide weich und an den Rändern goldbraun sind.

Unterdessen die Auberginen vorbereiten. Die Stiele abtrennen und die Auberginen der Länge nach halbieren. Falls sie sehr lang sind, auch quer halbieren.

Den Knoblauch in die Pfanne einrühren und 1 Minute braten, bis er gar duftet. Tomaten, Gewürze und etwas Salz mit einem kleinen Spritzer Wasser hinzufügen. Zum Kochen bringen, dann die Temperatur reduzieren, einen Deckel auflegen und 10–15 Minuten köcheln, bis die Tomaten komplett zerfallen sind.

Die Auberginen hinzufügen, die Pfanne wieder zudecken und schonend für weitere 15 Minuten garen oder bis sie weich sind. Dabei gelegentlich umrühren. Möglichst kein weiteres Wasser hinzufügen – das Gericht schmeckt am besten, wenn es im eigenen Saft gegart ist.

Inzwischen den restlichen 1 TL Panch Phoron in einer trockenen Pfanne so lange rösten, bis die Samen beginnen, dunkler zu werden. Die Pfanne währenddessen immer wieder schütteln. Anschließen in einen Mörser geben und zu einem feinen Pulver zermahlen.

Die Bohnen und das gemahlene Panch Phoron in die Pfanne einrühren und abschmecken. Wenn die Tomaten zu säuerlich sind, den Zucker hinzufügen. Nochmals für 2–3 Minuten kochen, die Korianderblätter einrühren und mit etwas Sahne anrichten.

Ergibt 4 Portionen

- 4 EL Pflanzen- oder Senföl
- 3 TL Fünf-Gewürz-Mischung (im Handel als *Panch Phoron* erhältlich oder selbst zubereitetes Panch Phoron, s. S. 122)
- 1 Zwiebel, gehackt
- 20 g Ingwer, zu Juliennes geschnitten
- 450 g lange japanische Auberginen, gründlich gewaschen
- 4 Knoblauchzehen, zerrieben
- 3 große reife Strauchtomaten, in schmale Spalten geschnitten
- ½ TL Kurkuma
- 2 TL gemahlener Koriander
- 1 TL gerösteter gemahlener Kreuzkümmel (s. S. 92)
- 1 TL Garam Masala
- ¼–½ TL Chilipulver (oder nach Geschmack)
- 1 Dose Canellinibohnen (alternativ weiße Bohnen) (400 g), abgetropft und gespült
- 1 Prise Zucker
- 30 g Korianderblätter, gehackt
- 1 Schuss Sahne (optional)
- Salz

SCHNELLE
BEILAGEN

PACKUNG
BASMATIREIS

Basmatireis ist absolut unverzichtbar. Kein anderer Reis hat ein so wundervoll intensives Aroma, und seine Textur ist anderen Sorten Langkornreis weit überlegen. Mit meinen Rezepten können Sie sich auf Reis ohne Kleben freuen – mühelos. Also immer eine Packung auf Vorrat haben!

Goanischer Kokosreis

Diese wunderbar aromatische Beilage passt zu allem: Lamm, Hähnchen, Gemüse oder Linsen. Ich mag lieber weniger Kokosaroma, aber viele Leute bevorzugen die intensivere Version mit mehr. Ich habe beide Möglichkeiten angegeben, Sie müssen nur die Mengen Kokosmilch und Wasser anpassen.

Den gewaschenen Reis in frischem Wasser einweichen lassen, während Sie mit dem Kochen beginnen. Das Pflanzenöl in einem beschichteten Topf erhitzen. Die ganzen Gewürze dazugeben, 30–40 Sekunden garen, dann die Zwiebel dazugeben. Anbraten, bis sie weich wird und an den Rändern karamellisiert. Den Reis abtropfen und zur Zwiebel geben, dabei umrühren, bis alle Körner mit Öl bedeckt sind und alles überschüssige Wasser verdampft ist.

Die Kokosmilch und 360 ml Wasser – insgesamt 760 ml Flüssigkeit – oder in dem von Ihnen bevorzugten Verhältnis dazugeben. Mit etwas Salz würzen (s. S. 133). Zum Kochen bringen, abdecken und die Temperatur auf die niedrigste Stufe stellen. Den Reis etwa 10 Minuten kochen, bis er gar ist. Währenddessen mehrmals umrühren, um sicherzustellen, dass der Reis nicht ansetzt. Die Temperatur erhöhen, den Deckel abnehmen und überschüssige Flüssigkeit 1–2 Minuten lang verkochen lassen. Den Herd ausschalten, zudecken und den Reis 5 Minuten lang ausdampfen lassen. Nach Geschmack mit einer oder beiden Garnituren servieren.

Ergibt 4 Portionen

300 g Basmatireis, gründlich
   gewaschen (siehe unten)
2 EL Pflanzenöl
1 Zimtstange
1 TL schwarze Pfefferkörner
6 Gewürznelken
1 rote Zwiebel, in feine Ringe
   geschnitten
1 Dose Kokosmilch (400 g)
Salz

Optionale Garnituren
35 g geröstete Cashewkerne
   oder Erdnüsse
fertig gekaufte, knusprig frittierte Schalotten oder selbst
   zubereitete (s. S. 134)

Perfekt gekochter Reis

Diese Methode, perfekt lockeren Reis zu kochen, ist wirklich einfach.

Den Reis gründlich waschen, dabei das Wasser mehrmals wechseln. Dann in einen Topf geben und Wasser darübergießen. Mit den Fingern gut durchrühren, um die Stärke von den Körnern zu lösen, und abgießen. Wiederholen, bis das Wasser klar bleibt. Mindestens 7,5 cm hoch mit Wasser bedecken. Den Reis zum Kochen bringen und 7–8 Minuten kochen lassen. Ein Korn probieren, es sollte gar sein; falls nicht, 1 weitere Minute kochen lassen und dann wieder prüfen. Abgießen, dann den Reis für 1 Minute zurück in den Topf geben, solange der Herd noch angeschaltet ist, um das überschüssige Wasser verdampfen zu lassen. Den Herd ausschalten, zudecken und 8–10 Minuten ausdampfen lassen.

70–80 g hochwertiger Basmatireis pro Person

Pilaw mit Spinat und Dill

Gewürze zum Reis zu geben, ist eine besonders schnelle und leichte Methode, delikaten Reis-gerichten Aroma zu verleihen. Die Kombination aus Reis und Dill war bei den armenischen Einwanderen beliebt, die sich vor vielen Jahrhunderten in Indien niederließen. Diesen wun-derbaren Pilaw kann man als eigenständiges Gericht mit Joghurt oder als Beilage zu vielen anderen Gerichten aus diesem Buch servieren – sei es zu einem Linsencurry oder gebratenem oder gegrillten Fleisch. Wenn Sie eine Zimtstange und einige Gewürznelken im Haus haben, geben Sie sie zum Kreuzkümmel dazu.

Den gewaschenen Reis in frischem Wasser einweichen lassen, während Sie mit dem Kochen beginnen. Das Pflanzenöl in einer beschichteten Pfanne erhitzen. Die Kreuz-kümmelsamen hineingeben und, sobald sie braun sind, die Zwiebeln und etwas Salz. Anbraten, bis die Zwiebeln an den Rändern goldbraun sind. Den Knoblauch dazugeben und etwa 1 Minute braten, bis er gar ist.

Spinat und Dill dazugeben und umrühren, bis der Spinat zusammengefallen ist. Den Reis abtropfen lassen, in die Pfanne dazugeben und ein paar Mal umrühren, damit er sich gut mit den anderen Zutaten vermischt. Die Brühe oder Wasser dazu-geben und die Flüssigkeit würzen (siehe unten) sowie Pfeffer und Salz hinzufügen. Zum Kochen bringen und einige Minuten kochen lassen, dann die Hitze reduzie-ren, zudecken und den Reis etwa 8 Minuten garen, bis er fertig ist. Prüfen, ob die Körner weich sind, dann den Herd ausschalten, etwas Zitronensaft mit einer Gabel einrühren, wieder zudecken und 5 Minuten ausdampfen lassen.

Ergibt 4 Portionen

300 g Basmatireis, gründlich
   gewaschen (s. S. 130)
3 EL Pflanzenöl
2 TL Kreuzkümmelsamen
2 kleine rote Zwiebeln, in dünne
   Ringe geschnitten
3 große Knoblauchzehen,
   gehackt
225 g Babyspinat, gewaschen
100 g Dill, gehackt
600 ml Gemüse- oder Hühnerbrühe oder Wasser
frisch gepresster Zitronensaft
   nach Geschmack
Salz und frisch gemahlener
   schwarzer Pfeffer

Noch feiner: *gut gewürzter Reis*

Einfacher, gekochter Reis sollte genau das sein: einfach. Wenn Reis jedoch sepa-rat mit Gemüsegerichten serviert wird oder als Grundlage für ein Gericht dienen soll, beispielsweise ein Biryani, dann müssen Sie das Wasser würzen, bevor Sie den Reis kochen. Gießen Sie die notwendige Menge in den Topf und schmecken Sie dann das Wasser ab: Reis braucht viele Gewürze, das Wasser sollte also leicht überwürzt schmecken.

Pistazien-Pilaw mit getrockneten Feigen

Diesen raffinierten Pilaw kann man Freunden servieren, er passt hervorragend zu jedem Curry und auch exzellent zu einigen der Fleischgerichte vom Grill aus diesem Buch, vielleicht mit einem cremigen Raita als Beilage. Die Pistazien ergänzen den Pilaw um ein herrlich duftendes Nussaroma und die Früchte geben eine süße Note, die gut zu dem gewürzten Reis passt. Die getrockneten Früchte können Sie nach Geschmack variieren.

Den gewaschenen Reis in frischem Wasser einweichen lassen, während Sie mit dem Kochen beginnen. In einem großen, beschichteten Topf 1 cm hoch Pflanzenöl erhitzen. Die Zwiebel dazugeben und 5–7 Minuten anbraten, bis sie tief goldbraun, aber nicht braun ist (sie wird weiter garen, wenn Sie sie herausgenommen haben). Die Zwiebel mit einem Schaumlöffel herausnehmen und auf Küchenpapier knusprig werden lassen. Das Öl fast vollständig abgießen, nur 3 TL sollten übrig bleiben.

Diese 3 TL erneut erhitzen, alle Gewürze außer dem Safran hineingeben und etwa 40 Sekunden anbraten. Pistazien, Feigen, den abgetropften Reis und Safran hinzufügen. Einige Male gründlich umrühren und 400 ml Wasser dazugießen. Das Wasser abschmecken und nach Geschmack nachwürzen (s. S. 133).

Zum Kochen bringen, dann zudecken und die Temperatur auf die niedrigste Stufe stellen. 7–8 Minuten köcheln lassen. Ein Korn probieren und, sobald der Reis gar ist, den Herd ausschalten, zudecken und den Reis weitere 5–7 Minuten ausdampfen lassen. Zum Servieren in eine Schüssel oder auf eine Platte geben und mit den Zwiebeln garnieren.

Ergibt 3 Portionen

200 g Basmatireis, gründlich gewaschen (s. S. 130)
Pflanzenöl
1 große Zwiebel, in feine Ringe geschnitten
1 TL Kreuzkümmelsamen
7,5 cm Cassia- oder Ceylon-Zimtstange
3 Gewürznelken
1 Lorbeerblatt
4 grüne Kardamomkapseln
40–50 g Pistazien
3 große getrocknete Feigen, gehackt, oder 2 TL Sultaninen
1 großzügige Prise Safran
Salz und frisch gemahlener schwarzer Pfeffer

Gerösteter, gewürzter Blumenkohl

Dieses besonders einfache Gericht kocht sich quasi von selbst. Die schlichten Gewürze passen sehr gut zu diesem häufig unterschätzten Gemüse. Bitte geben Sie die Blumenkohlblätter so hinzu wie beschrieben; sie werden wunderbar knusprig. Bei uns in der Familie wird immer darum gestritten, wer sie bekommt!

Den Ofen auf 180 °C vorheizen.

Die Gewürze mit Ingwer und Salz in einer Schüssel mischen und die Blumenkohlröschen und -blätter darin schwenken. Alles auf ein beschichtetes Backblech geben und das Öl darüberträufeln. Wieder schwenken und auf der mittleren Schiene in den Ofen schieben.

Das Gemüse 20–25 Minuten braten, oder je nach Geschmack, sofort servieren.

Ergibt 4 Portionen

1 TL Garam Masala
1 TL Kreuzkümmelsamen
½ TL Kurkuma
½ TL Schwarzkümmelsamen
15 g Ingwer, fein gerieben
1 Blumenkohl, in Röschen
  zerteilt, dabei die äußeren
  Blätter aufheben
4 EL Olivenöl
Salz

Spinat mit gebratenen Königskümmelsamen

Dieses wirklich einfache, aber aromatische Gericht passt zu allem. Ich verwende gerne die Blätter von „erwachsenem" Spinat, weil ich die Textur lieber mag, aber Sie können auch Babyspinat nehmen. Das Aroma von Königskümmelsamen erinnert an Thymian. Wenn Sie keine zur Hand haben, können Sie stattdessen ein paar Thymianzweige zusammen mit dem Knoblauch nehmen.

Das Pflanzenöl in einem Topf bei niedriger Temperatur erhitzen. Knoblauch und Königskümmelsamen hineingeben und 1 Minute leicht anbraten. Kreuzkümmel hinzufügen, umrühren und dann Spinat und Salz dazugeben. Garen, bis die Blätter zusammengefallen sind und das Wasser verdampft ist.

Butter und Zitronensaft nach Geschmack dazugeben, eventuell nachwürzen und servieren.

Ergibt 3–4 Portionen

1 EL Pflanzenöl
4 große Knoblauchzehen,
  gehackt
⅓ TL Königskümmelsamen
1 TL gemahlener Kreuzkümmel
500 g Spinat oder Babyspinat,
  gründlich gewaschen, harte
  Stiele entfernt
1 gehäufter EL Butter
1 Schuss Zitronensaft
Salz

Das schnellste Tarka Dal aller Zeiten

Das hier ist das schnellste Rezept für dieses berühmte Rezept, das ich je geschrieben habe, aber es schmeckt genauso gut wie alle anderen. Rote Linsen werden schnell gar, lassen sich gut verdauen und sind ganz wunderbar cremig – also eine perfekte Wahl! Normalerweise bereite ich das Tarka zu, während die Linsen kochen. Dann muss man zwar zwei Pfannen abwaschen, aber das spart viel Zeit. Dieses Gericht schmeckt köstlich mit indischen Broten, Reis und ... allem anderen!

Die Linsen mit 650 ml Wasser in einem Topf zum Kochen bringen. Sobald der Schaum nach oben kommt, abschöpfen und die Kurkuma dazugeben. Die Linsen köcheln lassen, während Sie das Tarka zubereiten.

Für die Würzmischung das Öl und die Butter in einer Pfanne erhitzen und die Kreuzkümmelsamen hineingeben. Sobald diese braun sind, die Zwiebel hinzufügen und braten, bis sie weich wird und an den Rändern Farbe bekommt. Den Knoblauch dazugeben und 1 Minute leicht braten, dann Tomaten, Koriander, Chilipulver und etwas Salz hinzufügen und etwa 15 Minuten garen, bis die Tomaten weich werden und die Mischung zu einer Paste wird, aus der Öltröpfchen austreten.

Das Tarka zu den Linsen geben und darauf achten, die gesamte Mischung aus der Pfanne zu verwenden. Die Linsen weitere 6–8 Minuten garen, bis das ganze Gericht homogen wirkt. Es sollte weder zu dick noch zu wässrig sein.

Abschmecken und eventuell nachwürzen, dabei einen großzügigen Schuss Zitronensaft dazugeben. In vorgewärmten Schüsseln servieren, garniert mit einem Klecks Joghurt, ein paar knusprigen Zwiebeln nach Geschmack sowie dem Koriander.

Ergibt 4 Portionen

Für das Dal
100 g rote Linsen (im Handel als *Masur Dal* erhältlich)
½ TL Kurkuma
frisch gepresster Saft von ½ Zitrone
Naturjoghurt zum Servieren (optional)
fertig gekaufte, knusprig gebratene Zwiebeln oder selbst zubereitete (s. S. 134) (optional)
25 g Korianderblätter, gehackt

Für das Tarka (Würzmischung)
1 EL Pflanzenöl
2 EL Butter
¾ TL Kreuzkümmelsamen
1 sehr kleine Zwiebel, gehackt
4 große Knoblauchzehen, zerrieben
2 kleine Tomaten, gehackt
2 TL gemahlener Koriander
¼–½ TL Chilipulver
Salz

Schneller:
fertige, knusprige Zwiebeln

Geröstete Karotten mit Datteln

Eine wirklich wunderbar süße, pikante Beilage. Verwenden Sie möglichst Medjool-Datteln – sie haben ein herrliches Karamellaroma. Versuchen Sie, Ingwer zu kaufen, der im Verhältnis zu seiner Größe schwer ist, dann enthält er mehr Saft. Um den hier benötigten Ingwersaft herzustellen, die geschälte Ingwerwurzel reiben, in ein Nylonsieb über eine Schüssel geben und den geriebenen Ingwer so lange pressen, bis der ganze Saft herauskommt.

Den Ofen auf 220 °C vorheizen.

Karotten mit Olivenöl, Salz und Pfeffer, Gewürzen und Ingwersaft vermischen. Auf einem Backblech verteilen und dieses auf der mittleren Schiene in den Ofen schieben. Die Karotten für 20–22 Minuten braten, bis sie gar sind. Die Datteln unterrühren und servieren.

Ergibt 4 Portionen

6 Karotten, geschält und in 5 cm lange Stifte geschnitten
2–3 EL Olivenöl
1½ TL Garam Masala
⅓ TL gemahlener Zimt
⅓ TL Chilipulver
1½ TL Ingwersaft (s. Rezepteinleitung)
3–4 Mejdool-Datteln (je nach Größe) (alternativ jede andere Dattelsorte), gehackt
Meersalz und frisch gemahlener schwarzer Pfeffer

Leicht pikanter Selleriesalat mit Kapern

Das hier ist meine aktualisierte und indisch interpretierte Version dieses schlichten Salats. Er passt zu ganz vielen Gerichten, besonders zu Fisch und Fleischgerichten vom Grill.

Die Hälfte des Zitronensafts in eine große Pfanne mit kaltem Wasser geben. Den Sellerie in dünne Scheiben schneiden oder reiben und dabei kontinuierlich ins Wasser geben, um zu vermeiden, dass er sich verfärbt. Das Wasser zum Kochen bringen. Nach 2 Minuten den Sellerie herausnehmen, abtropfen und sofort in eine Schüssel mit kaltem Wasser tauchen. Die Pfanne auswischen.

In der Zwischenzeit Mayonnaise, Joghurt, 4 TL Zitronensaft, Senf, Kapern sowie eine großzügige Prise Salz und Pfeffer in einer Schüssel vermischen. Das Olivenöl in einer Pfanne erhitzen, diese so schwenken, dass das Öl sich am Boden verteilt. Das Panch Phoron hineingeben und warten, bis das Zischen nachlässt, dann in die Schüssel dazugeben. Den Sellerie noch einmal abtropfen und sanft alles überschüssige Wasser aus den Scheiben oder dem geriebenen Gemüse herauszudrücken. Dann zusammen mit den Korianderblättern in die Schüssel zur Mayonnaise geben und alles gut verrühren. Abschmecken, eventuell nachwürzen und dann servieren.

Ergibt 4 Portionen

frisch gepresster Saft von 1 Zitrone
500 g Sellerie (geschältes Gewicht)
4 EL Mayonnaise
2 EL griechischer Joghurt
2 TL Dijon-Senf
2 EL Kapern, abgetropft und gewaschen
1 TL natives Olivenöl Extra
1 TL Fünf-Gewürz-Mischung (im Handel als *Panch Phoron* erhältlich)
30 g Korianderblätter, gehackt
Salz und frisch gemahlener schwarzer Pfeffer

Scharfe Bratkartoffeln mit Dill

Inder haben immer ein scharfes Kartoffelgericht in ihrem Repertoire, das sie besonders lieben. Ich habe derzeit eine starke Vorliebe für Dill und verwende ihn für fast jedes Gericht. Das hier ist eine so köstliche Kombination – das müssen Sie probieren.

In einer großen, beschichteten Pfanne 2½ EL Pflanzenöl erhitzen. Die Kreuzkümmelsamen hineingeben und warten, bis sie leicht braun werden. Dann den Ingwer und die Kartoffeln hinzufügen und 5 Minuten braten. Jetzt die Gewürze und etwas Salz dazugeben und gut umrühren, damit Ingwer und Kartoffeln vollständig bedeckt werden. Zudecken und auf niedriger Temperatur weitere 7-8 Minuten garen, dabei gelegentlich umrühren.

Die Kartoffeln auf eine Seite schieben (falls erforderlich, einige für einen Moment herausnehmen), sodass in der Pfanne ein leerer Bereich entsteht. Das restliche Öl hineingeben, 10 Sekunden warten, bis es heiß ist, dann den Knoblauch hinzufügen und etwa 1 Minute braten, bis er duftet. Unter die Kartoffeln rühren, eventuell entnommene Kartoffeln wieder in die Pfanne geben.

Einige Minuten weitergaren, dann einen Spritzer Wasser hinzufügen, zudecken und so lange kochen, bis die Kartoffeln gar sind. Zitronensaft und Dill hinzufügen, abschmecken, eventuell nachwürzen und servieren.

Ergibt 4 Portionen

3 EL Pflanzenöl
2 TL Kreuzkümmelsamen
10 g Ingwer, fein geraspelt
450 g Kartoffeln, geschält und in 2–3 cm große Würfel geschnitten
½ TL Kurkuma
⅛ TL Chilipulver
2 TL gemahlener Koriander
½ TL Kreuzkümmel
4 große Knoblauchzehen, gehackt
2–3 TL frisch gepresster Zitronensaft (oder nach Geschmack)
40 g Dill, gehackt
Salz und frisch gemahlener schwarzer Pfeffer

Erbsen mit Kick

Ich liebe Erbsen. Ich mag ihre weiche Textur, ihre Süße und ihr feines Aroma, daher habe ich immer welche im Tiefkühlschrank und, wie wir alle wissen, sie sind schon nach wenigen Minuten gar. Aber – und das ist ein schwerwiegendes „Aber" – manchmal sind sie etwas fade. Ich will also noch mehr Aroma. Erbsen können auch ganz anders schmecken, wenn man sie aus ihrer „Komfortzone" herausholt! Wenn Sie kein Mangopulver zur Hand haben, verwenden Sie Zitronensaft.

Das Öl in einem Topf erhitzen. Die Kreuzkümmelsamen hineingeben und warten, bis sie dunkel werden, den Ingwer hinzufügen und braten, bis er Farbe annimmt. Koriander, Garam Masala und etwas Salz unterrühren.

Erbsen und Bockshornkleesamen dazugeben und einige Minuten garen, bis eventuelle überschüssige Feuchtigkeit verdampft ist. Dann die Milch hinzufügen und auf niedriger Temperatur köcheln lassen, dabei häufig umrühren, bis auch die Milch verdampft ist. Das Mangopulver unterrühren, abschmecken und eventuell nachwürzen. Reichlich schwarzer Pfeffer passt hier besonders gut. Servieren.

Ergibt 4 Portionen

2 EL Pflanzenöl
1 TL Kreuzkümmelsamen
20 g Ingwer, fein geraspelt
2 TL gemahlener Koriander
¾ TL Garam Masala
400 g tiefgekühlte Erbsen, aufgetaut
2 TL getrocknete Bockshornkleeblätter
120 ml Vollmilch
1–1½ TL Mangopulver (im Handel als *Amchoor* erhältlich) (oder nach Geschmack)
Salz und frisch gemahlener schwarzer Pfeffer

Süßkartoffeln mit Tamarinden-Chili-Glasur

Das ist eine brillante Kombination von Aromen: süß, pikant und scharf. Süßkartoffeln sind sehr gesund, ich brauche jedoch viele Kontrastaromen, um ihre Süße, die andere so mögen, als angenehm zu empfinden ... Dieses Gericht ist eine Ausnahme: Das kann ich immer essen. Und es eignet sich hervorragend als interessante Beilage zu den meisten Hauptgerichten.

Das Pflanzenöl in einer beschichteten Pfanne auf mittlerer Temperatur erhitzen. Die Senfsamen und die Chilischoten hineingeben und braten, bis die Samen aufgeplatzt sind. Dann Urad Dal und Curryblätter hinzufügen und braten, bis die Bohnen beginnen, Farbe anzunehmen. Schließlich den Ingwer dazugeben und 30–40 Sekunden braten. Das Tomatenmark einrühren und etwa 1 Minute weiterbraten.

Die Süßkartoffeln sowie etwas Salz dazugeben, dann genug Wasser dazugießen, dass es die Kartoffeln zu drei Vierteln bedeckt. Zum Kochen bringen, zudecken und 10–12 Minuten garen, bis die Süßkartoffeln beginnen, weich zu werden.

Den Deckel abnehmen, Zucker und Tamarindenpaste einrühren, das überschüssige Wasser verkochen lassen und die Kartoffeln dabei immer weiter umrühren. Übrig bleiben sollte eine klebrige Glasur, die die Kartoffeln umhüllt. Abschmecken und eventuell mit Salz, Tamarindenpaste oder Zucker nachwürzen, dann servieren.

Ergibt 3–4 Portionen

3 EL Pflanzenöl
1 TL Senfsamen
2–4 getrocknete Chilischoten
1 El schwarze Bohnen (im Handel als *Urad Dal* erhältlich)
10 frische Curryblätter
10 g Ingwer, fein gehackt
2 TL Tomatenmark
500 g Süßkartoffeln (etwa 2 kleinere), geschält und in 5 cm große Stücke geschnitten
2 TL Zucker (oder nach Geschmack)
2 TL Tamarindenpaste (oder nach Geschmack)
Salz

Quinoa-Kichererbsen-Salat mit Kräutern

Cremige Quinoa und mehlige Kichererbsen kontrastieren in diesem köstlichen, von Taboulé inspirierten Salat. Dabei ist er nicht nur lecker und aromatisch, sondern auch gesund. Zum Servieren garniere ich ihn gerne mit etwas Ziegenfrischkäse oder Käse oder Feta.

Quinoa entsprechend den Anweisungen auf der Packung kochen (dauert normalerweise etwa 15 Minuten). Etwas abkühlen lassen.

In einer Schüssel die Quinoa mit allen übrigen Zutaten außer dem Ziegenfrischkäse bzw. -käse (falls verwendet) mischen und abschmecken. Eventuell mit Salz, Zucker und Zitronensaft nachwürzen. Den Salat 10 Minuten ruhen lassen, damit die Aromen sich verbinden können. Vor dem Servieren, falls verwendet, kleine Löffel Ziegenfrischkäse auf dem Salat verteilen oder Ziegenkäse darüber zerkrümeln. Bei Zimmertemperatur servieren.

Ergibt 4 Portionen

70 g Quinoa
100 g Petersilienblätter, fein gehackt
30 g Minzeblätter, fein gehackt
3 Frühlingszwiebeln, fein gehackt
2 reife Tomaten, fein gehackt
1 kleine rote Chilischote, Samen entfernt und fein gehackt (optional)
3 TL gerösteter gemahlener Kreuzkümmel (s. S. 92)
1 Dose Kichererbsen (400 g), abgetropft und gewaschen
2½–3 EL natives Olivenöl Extra
3 TL Rotweinessig
1 TL Zucker (optional)
2 EL frisch gepresster Zitronensaft (oder nach Geschmack)
100 g Ziegenfrischkäse oder Käse (optional)
Salz

Kreuzkümmel-Quinoa mit geräucherten Mandeln

Zwar ist dieses Gericht schon einfach so eine fantastische Beilage, aber Sie können es noch um einige geschnittene und gebratene Zwiebeln, ein paar Rosinen oder anderes Trockenobst ergänzen, um ihm zusätzliche Süße zu verleihen.

Quinoa in einer großen Pfanne bei mittlerer Temperatur ohne Fett rösten, bis die Körner duften und etwas Farbe angenommen haben. Brühe oder Wasser sowie eine großzügige Prise Salz dazugeben, zum Kochen bringen, dann etwa 15 Minuten köcheln lassen, bis die Quinoa gar ist. Während das Wasser verdampft, die Quinoa mit einer Gabel umrühren. Die Körner sollen fluffig werden – wenn also nur noch 2 oder 3 Minuten der Kochzeit übrig sind und noch viel Wasser in der Pfanne zu sein scheint, die Temperatur etwas hochdrehen. Sobald die Quinoa gar ist, nochmals mit der Gabel umrühren, die Temperatur erhöhen und eventuell immer noch überschüssige Flüssigkeit verdampfen lassen.

In der Zwischenzeit das Pflanzenöl in einer kleinen Pfanne erhitzen, die Kreuzkümmelsamen hineingeben und rösten. Diese dann zusammen mit Mandeln, Kräutern und Salz in die Quinoa einrühren. Heiß servieren.

Ergibt 4 Portionen

250 g Quinoa
800 ml Gemüsebrühe oder Wasser
1 EL Pflanzenöl
1 TL schwarze Kreuzkümmelsamen (im Handel als Shahi Jeera erhältlich) oder normale Kreuzkümmelsamen
35 g geräucherte Mandeln, halbiert
30 g Koriander, oder Petersilienblätter, gehackt
Salz

Auberginen mit Tamarindenglasur

Ein wunderbares, einfaches Rezept, das von dem beliebten japanischen Gericht – Auberginen mit Misoglasur – inspiriert ist. Nur, dass ich Tamarindenchutney verwende, das Sie entweder fertig kaufen oder selbst zu Hause herstellen können (s. S. 155). Die langen, dünnen Auberginen, die man heute kaufen kann, eignen sich perfekt dafür.

Den Ofen auf 200 °C vorheizen. Das Olivenöl erhitzen und den Ingwer goldbraun braten. Das Öl abgießen (und aufbewahren) und den Ingwer auf Küchenpapier abtropfen lassen.

Die Auberginen mit der Schnittseite nach oben auf ein Backblech legen. In einem Kreuzmuster einschneiden, dabei aber darauf achten, die Haut nicht zu durchstechen. Mit dem zurückbehaltenen Öl, das nun ein herrliches Ingweraroma bekommen hat, bestreichen und leicht mit Salz würzen. Die Auberginen 15 Minuten im Ofen backen. Aus dem Ofen nehmen, diesen ausschalten und den Grill vorheizen.

Die Auberginen mit einer dicken Schicht Tamarindenchutney bestreichen, großzügig mit Sesamsamen bestreuen und 3–4 Minuten unter den heißen Grill schieben, bis das Chutney anfängt Bläschen zu bilden. Mit dem Ingwer bestreuen und servieren.

Ergibt 4–6 Portionen

2 EL Olivenöl
50 g Ingwer, fein gerieben
12 Baby-Auberginen, längs halbiert
5–6 TL gekauftes Tamarindenchutney oder selbst gemachtes Tamarindenchutney (s. S. 155)
2 EL geröstete Sesamsamen (fertig gekauft oder 1–2 Minuten ohne Fett in einer Pfanne geröstet)
Salz

Schneller:
Gekauftes Tamarindenchutney

Superschneller Gemüsesalat (Kachumber)

Kachumber wird zu vielen indischen Gerichten serviert – er ist knackig, frisch und einfach lecker. Ich habe die grünen Chilischoten weggelassen, die häufig verwendet werden. Wenn Sie ihre klare Schärfe mögen, können Sie eine kleine grüne Chilischote, entkernt und fein gehackt, dazugeben. Statt der getrockneten Minze können Sie auch frisch gehackte Minzeblätter verwenden.

Alle Zutaten in einer Schüssel gut vermischen. Abschmecken und eventuell nachwürzen, dann servieren. Das war's!

Ergibt 4–5 Portionen

2 große, reife Tomaten, gehackt
200 g Gurke, gehackt
4 kleine Radieschen, geputzt, halbiert und fein gehackt
⅓–½ kleine rote Zwiebel, fein gehackt
30 g Korianderblätter, gehackt
1 EL natives Olivenöl Extra
2 EL frisch gepresster Zitronensaft (oder nach Geschmack)
1 TL gerösteter gemahlener Kreuzkümmel (s. S. 92) (oder nach Geschmack)
1 EL getrocknete Minze, mit den Fingern zu einem Pulver zermahlen
Salz und frisch gemahlener schwarzer Pfeffer

Knackiger indischer Krautsalat

Diese indische Krautsalatversion ist knackig, scharf, cremig und begeistert mit dem zusätzlichen Akzent, den das Chat Masala setzt.

Saft aus der geraspelten Karotte pressen. In einer Schüssel mit den übrigen Zutaten vermischen. Abschmecken und nach Geschmack mit Zitrone, Chat Masala, Salz und Pfeffer würzen. Servieren.

Ergibt 4 Portionen

1 Karotte (etwa 100 g), in feine Scheiben geschnitten oder grob gerieben
100 g Rotkohl, geraspelt
100 g Weißkohl, geraspelt
½ kleine rote Zwiebel, in feine Ringe geschnitten
30 g Korianderblätter, gehackt
70 g Mayonnaise
70 g griechischer Joghurt
1½–2 EL frisch gepresster Zitronensaft, nach Geschmack
1½ TL Chat Masala (oder nach Geschmack)
Salz und frisch gemahlener schwarzer Pfeffer

Superschnelles Naan

Das ist das schnellste Naan, das Sie jemals backen werden. Der Teig dauert nur wenige Minuten, muss nur kurz geknetet werden und ist dann innerhalb von wenigen Augenblicken fertig. Nach nicht einmal 15 Minuten haben Sie fertiges Naan auf dem Tisch.

Den Backofen auf die höchste Temperatur vorheizen (meiner geht bis 275 °C). Ein Grill- oder Backblech auf die höchste Schiene schieben, damit es heiß wird.

Mehl, Backpulver, Natron, Zucker und ⅔ TL Salz vermischen und in die Mitte eine Mulde drücken. Milch, Joghurt, Butter und 90–100 ml Wasser mischen, in die trockenen Zutaten geben und alles zu einem Teig vermengen. Dieser sollte recht weich sein, ansonsten mehr Wasser dazugeben. Den Teig schnell glatt kneten.

Auf einer mit etwas Mehl bestäubten Arbeitsfläche den Teig zu ½ cm dicken Broten ausrollen. Einige Schwarzkümmelsamen, Korianderblätter oder Knoblauch in die Teigoberfläche hineindrücken – oder gar nichts, wenn Sie das bevorzugen – und in den heißen Ofen schieben. Jeweils zwei Brote gleichzeitig backen, bis die Oberseite helle Stellen oder eine hell-goldbraune Farbe bekommt, dann umdrehen und für etwa 1 Minute auf der anderen Seite backen. Herausnehmen, mit Butter bestreichen und die Brote warm halten – dafür in eine Serviette oder Alufolie einwickeln und an einen warmen Ort stellen, während Sie die restlichen Brote zubereiten. Heiß servieren.

Ergibt 4 große Brote

300 g Weizenmehl zzgl.
  etwas zum Bestäuben
1⅓ TL Backpulver
½ TL Natron
2 TL Zucker
4 EL Milch
4 EL Naturjoghurt
20 g Butter, zerlassen, zzgl.
  etwas zum Servieren
Salz

Optionale Garnituren

Schwarzkümmelsamen oder
  andere Samen
Korianderblätter, gehackt
Knoblauch, fein gehackt

Noch feiner: *Rösten Sie Ihre eigenen Papadams!*

Ich backe immer meine eigenen Papadams (Foto s. S. 128), weil ich die gebratenen, die man fertig kaufen kann, nicht mag. In indischen Geschäften und Onlineshops werden viele verschiedene Arten angeboten. Um sie selbst zu braten, benötigen Sie eine offene Flamme und eine Zange. Greifen Sie ein Papadam mit der Zange und halten Sie es über die Flamme. Bewegen Sie es dabei so, dass beide Seiten und auch die Ränder des Papadams direkt der Flamme ausgesetzt werden. Das Papadam darf dabei aber natürlich an keiner Stelle tatsächlich anbrennen. Fertig ist das Papadam, wenn es sich wölbt und rundum knusprig ist. Die Papadams brauchen jeweils nur 1–2 Minuten und sind eine kulinarische Offenbarung.

Gefülltes Peshwari-Naan

Jedes Mal, wenn ich Naan mache, frage ich mich, warum ich das eigentlich nicht öfter mache. Peshwari-Naan stammt aus einer Gegend an der afghanisch-pakistanischen Grenze. In einer Region in der Nähe – damals ein Teil von Indien – wuchs meine Mutter auf. Wenn mein Großvater Nüsse und getrocknete Früchte aus Afghanistan nach Indien mitbrachte, hatte die Familie immer reichlich Vorrat. Als meine Mutter nach Großbritannien kam, hielt sie sich weiterhin immer einen Vorrat an beidem, und ich habe diese Gewohnheit übernommen. Das scheint erblich zu sein. Diese Naans lassen sich ganz einfach herstellen und sehen genauso fantastisch aus, wie sie schmecken. Außerdem stecken sie voller gesunder Leckereien! Ganz zu schweigen davon, dass sie süchtig machen …

Alle trockenen Zutaten für den Teig mit 1 TL Salz in einer Schüssel vermengen. In die Mitte eine Vertiefung drücken und die flüssigen Zutaten, bis auf das Öl, und 150 ml Wasser dazugeben. Den Teig 6–8 Minuten kneten, bzw. so lange, bis er weich und elastisch ist. Den Teig zu einer Kugel formen, mit etwas Öl einfetten und wieder in die Schüssel legen, mit einem Küchentuch und einem Teller abdecken und an einem eher warmen Ort, an dem es nicht zieht, 1 Stunde gehen lassen.

In der Zwischenzeit alle Zutaten für die Füllung vermischen oder mixen, bis eine Paste entsteht. Dabei ein paar Löffel Wasser dazugeben, damit die Zutaten etwas geschmeidiger werden (es muss jedoch keine glatte Paste werden).

Den Backofengrill auf die höchste Stufe vorheizen und ein Backgitter oder -blech auf die obere Schiene schieben. Den Teig in sechs Kugeln aufteilen und jeweils zu einem runden Fladen von 7,5 cm Ø ausrollen. Dann jeweils 1 EL der Füllung in die Mitte geben, die Ränder anheben und eine Tasche falten, dabei die Kanten gründlich zusammendrücken. Mit der Nahtseite nach unten auf eine bemehlte Arbeitsfläche legen und vorsichtig daraufklopfen, sodass ein dickes Fladenbrot entsteht. Dabei darauf achten, dass die Paste sich innen verteilt. Dann zu einem tränenförmigen oder ovalen 1–1½ cm dicken Naan ausrollen und mit einer Gabel einstechen. Die übrigen Brote genauso herstellen und jeweils drei auf das heiße Backblech legen.

Etwa 3 Minuten backen, bis sich auf der Oberfläche hübsche, goldbraune Stellen zeigen. Dann umdrehen und weitere 2–3 Minuten backen. Die Brote mit Butter bestreichen und warm halten – dafür in eine Serviette oder Alufolie einwickeln und an einen warmen Ort stellen. Währenddessen die restlichen Naans zubereiten. Heiß servieren.

Ergibt 6 mittelgroße Brote

Für den Teig
300 g Weizenmehl zzgl. etwas zum Bestäuben
3 TL Zucker
1 TL Trockenhefe
2 El zerlassene Butter oder Ghee zzgl. etwas zum Bestreichen
4 EL Naturjoghurt
etwas neutrales Öl
Salz

Für die Füllung
40 g Goji-Beeren
40 g Preiselbeeren
40 g Rosinen
30 g Pinienkerne
30 g Cashewkerne
30 g gemahlene Mandeln
1–2 TL Veilchensirup oder Rosenwasser
1 großzügige Prise Fenchelsamen, gemahlen (optional)

Roti

Dieses Alltagsfladenbrot aus Vollkornmehl essen viele Inder gerne als Beilage. Das Roti – auch als Chapati bezeichnet –bereichert jede Mahlzeit, da es schön weich und schmackhaft ist. Chapati-Mehl (Atta) können Sie in den meisten großen Supermärkten kaufen. Wenn Sie keines bekommen, verwenden Sie stattdessen gleiche Mengen Weizen- und Vollkornmehl. Rotis können Sie gut vorbereiten und dann in Alufolie gewickelt bei mittlerer Temperatur im Ofen aufwärmen.

Ergibt 10 Brote

300 g Chapati-Mehl (im Handel als Atta erhältlich)(alternativ zu gleichen Teilen Vollkorn- und Weizenmehl) zzgl. etwas zum Bestäuben
Salz (optional)

Mehl und etwas Salz (falls verwendet) in eine Schüssel sieben und in die Mitte eine Vertiefung drücken. Allmählich 200–240 ml Wassers zugießen und mit den Händen einen Teig formen, indem Sie das Mehl immer wieder in Richtung Mitte schieben und mit dem Wasser mischen. Vielleicht benötigen Sie nicht das ganze Wasser, da Mehl je nach Alter und Feuchtigkeitsgehalt der Luft unterschiedlich viel Wasser absorbiert. Der Teig sollte leicht klebrig sein und fast brechen, während Sie ihn kneten – er wird im Laufe der Zeit fester.

Den Teig 8–10 Minuten kneten, bis er geschmeidig wird. In eine Schüssel legen, mit einem feuchten Geschirrtuch zudecken und möglichst 30 Minuten ruhen lassen.

Den Teig in zehn Portionen aufteilen und zu Kugeln von der Größe eines Golfballs rollen. Wieder zudecken. Eine Arbeitsfläche und eine Teigrolle großzügig mit Mehl bestäuben. Alle Kugeln zu Fladen von 12,5–15 cm Ø ausrollen. Am besten geht das, wenn man immer in eine Richtung ausrollt und die Fladen dabei regelmäßig um 90° dreht, damit sie eine runde Form bekommen.

Eine Tava (eine indische Grillpfanne) oder eine beschichtete Pfanne stark erhitzen. Die Rotis jeweils mit Schwung von einer Hand in die andere geben, um überschüssiges Mehl abzuklopfen, und in die Pfanne legen. Die Temperatur auf eine mittlere Stufe herunterstellen und warten, bis sich nach 10–20 Sekunden kleine Bläschen auf der Unterseite bilden, dann wenden. Diese Seite ebenfalls so lange backen, bis sich kleine, hellbraune Stellen bilden.

Am besten blähen sich Rotis auf, wenn man sie direkt über einer offenen Flamme platziert (mit der Seite mit den braunen Stellen nach oben). Dafür eine Zange verwenden. Das Roti bläht sich sofort auf. 10 Sekunden warten, bis sich dunkle Flecken bilden; ich bewege das Roti immer etwas über der Flamme hin und her, damit es sich gleichmäßig aufbläht. Auf einem Teller ablegen. Mit den übrigen Rotis ebenso verfahren. Wenn nur ein Elektroherd zur Verfügung steht, die gebackenen Rotis vorsichtig in die Pfanne drücken: Wenn Sie jeweils auf einen Bereich drücken, sollte sich der Rest des Rotis aufblähen. Das mit verschiedenen Stellen des Rotis wiederholen, bis das gesamte Brot aufgegangen ist.

Die Brote warm halten – dafür in eine Serviette oder Alufolie einwickeln, bei niedriger Temperatur in den Ofen stellen und währenddessen die restlichen Rotis zubereiten.

Paratha in drei Varianten

Wenn diese blättrigen, leicht knusprigen Fladenbrote zu Ihren Lieblingen gehören, werden Sie begeistert sein zu hören, dass man sie selbst innerhalb von wenigen Minuten zubereiten und backen kann. Dafür braucht man ein bisschen Geschick, aber Sie werden den Dreh schnell heraushaben. Hier sind eine neutrale und zwei aromatisierte Varianten – die zu meinen persönlichen Favoriten zählen – aber Sie können die Parathas auch in vielen anderen Geschmacksrichtungen zubereiten.

In einer Schüssel 200–220 ml Wasser mit dem Mehl zu einem glatten Teig verkneten. Aus dem Teig eine lange Rolle formen und diese in zehn Kugeln aufteilen. Zudecken.

Eine Tava (eine indische Grillpfanne) oder eine beschichtete Pfanne erhitzen. Jeweils eine Teigkugel mithilfe von etwas Mehl zu einem Fladen von 15 cm Ø ausrollen. Die Oberfläche mit ¾ TL Öl, Ghee oder Butter bestreichen, mit einer großzügige Prise Salz bestreuen und mit etwas Mehl bestäuben. Schließlich nach Geschmack garnieren (oder sie so lassen, wie sie sind). Den Fladen eng zusammenrollen, wie eine Biskuitrolle. Diese Rolle mit den Handballen etwas länger und dünner drücken. Die Rolle dann wieder ausrollen und zu einem dicken Fladen auseinanderziehen. Beide Seiten mit Mehl bestäuben, dann wieder zu Fladen von 15–17 cm Ø ausrollen.

Überschüssiges Mehl abklopfen und das Paratha in die heiße Pfanne geben, die Temperatur auf mittlere Stufe stellen. Etwa 10–15 Sekunden backen, bis auf der Unterseite hellbraune Stellen zu sehen sind. Wenden und ¾ TL Öl, Ghee oder Butter bestreichen. (Ich benutze dafür die Rückseite eines Löffels.) Das Brot wieder umdrehen und auch auf der anderen Seite Öl, Ghee oder Butter verteilen. Außerdem mit der Kante des Löffels oder eines Messers das Brot leicht einritzen (dadurch wird es knuspriger). Nochmals wenden und auch auf der anderen Seite einritzen. Jetzt sollte das Brot fertig sein und auf beiden Seiten hübsche goldbraune Stellen zeigen.

Die Parathas warm halten – dafür in eine Serviette oder Alufolie einwickeln und bei niedriger Temperatur in den Ofen stellen und währenddessen die übrigen Brote zubereiten. Warm oder bei Zimmertemperatur servieren.

Ergibt 10 Brote

300 g Chapati-Mehl (im Handel als Atta erhältlich) (alternativ zu gleichen Teilen Vollkorn- und Weizenmehl) zzgl. etwas zum Bestäuben
1 kleine Schale Pflanzenöl, Ghee oder zerlassene Butter
Salz

Für die Variationen mit Aroma

Scharf

1 Prise Königskümmelsamen und 1 Prise Chilipulver zusammen mit dem Salz auf jedes Brot geben, dann mit Mehl bestäuben, ausrollen und zubereiten, wie im Hauptrezept beschrieben.

Mit Minze

¾ TL getrocknete Minze (mit den Fingern zu Pulver zerrieben) zusammen mit dem Salz auf jedes Brot geben, dann mit Mehl bestäuben, ausrollen und zubereiten, wie im Hauptrezept beschrieben.

Mariniertes Grillgemüse

Wenn wir in Indien bei Freunden zum Abendessen eingeladen waren, stand immer ein Teller Salat auf dem Tisch. Hier kommt eine aktualisierte Fassung dieser Erinnerungen – das Röstaroma passt wirklich gut zu indischen Gerichten, und das Gemüse bleibt dabei immer noch leicht knackig. Wenn Sie das Gemüse nicht grillen möchten, können Sie es aber auch einfach in feine Scheiben schneiden und im Dressing schwenken.

Eine Grillpfanne erhitzen oder den Backofengrill auf der höchsten Stufe vorheizen. Wenn Sie eine Grillpfanne verwenden, den Fenchel hineingeben und warten, bis er geröstet ist, dann wenden und mit der anderen Seite ebenso verfahren. Zur Seite stellen und mit dem Spargel und der Zucchini ebenso verfahren. Falls Sie den Backofengrill verwenden, das Backgitter auf der höchsten Schiene in den Ofen schieben und mit dem Spargel beginnen, weil er am schnellsten gar wird und etwas knifflig ist. Den Spargel einige Minuten grillen, bis er an den Rändern gebräunt ist, aus dem Ofen nehmen und in eine Schüssel legen. Ebenso mit dem Fenchel und der Zucchini verfahren.

In der Zwischenzeit die Zutaten für das Dressing verrühren (falls Sie Rettichblätter haben, das Koriandergrün weglassen), abschmecken und eventuell nachwürzen.

Das gesamte Gemüse zusammen mit dem Rettich und seinen Blättern (falls verwendet) in dem Dressing schwenken und servieren.

Ergibt 3–4 Portionen

Für das Gemüse
1 große Fenchelknolle, harte Schichten entfernt, geputzt und in dünne Scheiben geschnitten
12 Spargelstangen, geputzt und diagonal in dünne Scheiben geschnitten
1 große Zucchini, diagonal in dünne Scheiben geschnitten
4–5 Rettiche (möglichst mit Blättern), gewaschen, Rettich in dünne Scheiben geschnitten und Blätter gehackt

Für das Dressing
4 EL natives Olivenöl Extra
2 TL Rotwein- oder Sherryessig
5 TL Zitronensaft
4 EL Korianderblätter und -stiele, gehackt (weglassen, falls Sie Rettichblätter verwenden)
¼ TL Chilipulver
1 Prise Zucker
Salz und frisch gemahlener schwarzer Pfeffer

Karotten-Erdnuss-Raita aus dem Süden

Ein nussiges, cremiges, knackiges und leicht süßes Raita im Stil der indischen Westküste.

Karotten, Joghurt, Salz, Pfeffer, Zucker, die Hälfte der Korianderblätter und die Erdnüsse vermischen.

Das Olivenöl in einer kleinen Pfanne erhitzen, bis es sich auf einer Seite sammelt. Die Senfsamen hineingeben und braten, bis die Samen aufgeplatzt sind, dann die Curryblätter dazugeben und etwa 10 Sekunden rösten. In den Joghurt mischen, mit dem restlichen Korianderblättern garnieren und servieren.

Ergibt 4 Portionen

2 große Karotten, in feine Scheiben geschnitten oder grob geraspelt, Gemüsesaft herausgepresst
400 g Naturjoghurt
1 ½ TL Zucker (oder nach Geschmack)
3 EL gehackte Korianderblätter
20 g geröstete Erdnüsse, leicht zerstoßen
1 TL Olivenöl
¾ TL Senfsamen
6–7 frische Curryblätter
Salz und frisch gemahlener schwarzer Pfeffer

Gurken-Minze-Raita

Das erfrischende, erstaunlich vielseitige Raita passt großartig zu gegrilltem Fleisch oder einfach zu Naan oder Pita.

Alles überschüssige Wasser aus der Gurke pressen und sie in eine große Schüssel geben. Die restlichen Zutaten hinzufügen und gut umrühren. Bis zum Servieren kühlen.

Ergibt 3–4 Portionen

200 g Gurke, grob geraspelt
400 g dickflüssiger Naturjoghurt
8 g Minzeblätter, gehackt
¾ TL gerösteter gemahlener Kreuzkümmel (s. S. 92)
1 kleine Prise Zucker
Salz und frisch gemahlener schwarzer Pfeffer

Raita mit Tomaten, Zwiebel und Gurke

Das ist mein Lieblings-Raita – das essen wir bei uns zu Hause am häufigsten.

Alle Zutaten verrühren und nach Geschmack würzen. Das war's!

Ergibt 4 Portionen

1 kleine Strauchtomate, in 1 cm große Würfel geschnitten
90 g Gurke, geschält und in 1 cm große Würfel geschnitten
¼ rote Zwiebel, fein gehackt
30 g Korianderblätter, gehackt
¾ TL gerösteter gemahlener Kreuzkümmel (s. S. 92)
400 g Naturjoghurt
Salz und frisch gemahlener schwarzer Pfeffer

Kokoschutney von der Küste

Dieses wirklich wundervolle Chutney aus dem Süden Indiens ergänzt alle Vor- und Hauptspeisen um ein herrlich cremiges Kokosaroma.

Das Chana Dal in einer Pfanne ohne Fett rösten, bis es Farbe angenommen hat, es darf jedoch nicht braun werden. Zusammen mit Kokosraspel, Chilischote, Ingwer, etwas Salz, dem größten Teil des Zitronensaftes und 3–4 TL Wasser in eine Schüssel geben. Mit einem Pürierstab alles vermischen, bis sich die Zutaten verbinden. Eventuell 1 TL Joghurt hinzufügen, um diesen Prozess zu unterstützen.

Das Pflanzenöl in einer kleinen Pfanne erhitzen, bis es sich auf einer Seite sammelt. Die Senfsamen dazugeben, warten, bis das Aufplatzen nachlässt, dann die Curryblätter dazugeben und weitere 10 Sekunden rösten. Zusammen mit dem restlichen Joghurt in das Chutney gießen. Alles vermischen, abschmecken und, wenn gewünscht, mit Salz und Zitronensaft nachwürzen.

Ergibt etwa 175 ml

3 EL gelbe Linsen (im Handel als *Chana Dal* erhältlich)
100 g fein geraspelte Kokosnuss, frisch oder tiefgefroren und aufgetaut
1 grüne Chilischote
8 g Ingwer, grob gehackt
1 EL frisch gepresster Zitronensaft (oder nach Geschmack)
3 EL griechischer Joghurt
1 TL Pflanzenöl
⅔ TL Senfsamen
8 frische Curryblätter
Salz

Pikantes Korianderchutney

Dieses pikante, sehr frische Chutney mit intensiven Kräutern verwende ich am häufigsten. Es passt zu Snacks oder Kleinigkeiten, die man sich mitnimmt – zu Sandwiches, Marinaden und auch sonst zu fast allem. Es verleiht allen Gerichten das gewisse Etwas.

Mit einem Pürierstab alle Zutaten zusammen mit 2 ½–3 TL Wasser vermischen, bis eine sehr glatte, homogene Masse entsteht. Abschmecken und nach Geschmack mit Salz und Zitronensaft nachwürzen.

Ergibt 200 ml

50 g Korianderblätter und -stiele
20g Minzeblätter
2 ¼–2 ½ TL frisch gepresster Zitronensaft (oder nach Geschmack)
30 g geröstete Pistazien ohne Schale
½–1 grüne Chilischote
Salz

So geht es leichter: *Chutney auf Vorrat einfrieren!*

Ich bereite häufig eine größere Menge von diesem Chutney zu und friere es dann in einem flachen Behälter ein – wenn ich es brauche, kann ich einfach oben etwas abkratzen oder mit einem Messer einen Block herausschneiden und aus dem Behälter nehmen.

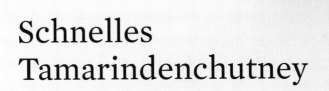

Schnelles Tamarindenchutney

Das ist eine wirklich schnell und einfach zuzubereitende Variante des Tamarinden-Dattel-Chutneys, das man in Indien fast so häufig verwendet wie Ketchup in der westlichen Welt. Die süße, pikante und leicht scharfe Würzsauce bereichert jedes Gericht um eine besondere Note. Die Säure der Tamarinden wird durch die Süße des Jaggery ausgeglichen und die einfachen Gewürze runden den Geschmack angenehm ab. Ich bin ein großer Fan von Jaggery – es verleiht diesem Chutney ein herrliches Karamellaroma, das ansonsten nur durch Datteln erreicht wird. Jaggery ist in gut sortierten Lebensmittelgeschäften zu finden, aber Sie können stattdessen auch braunen Zucker verwenden.

Alle Zutaten mit 80 ml Wasser in einem kleinen Topf zum Kochen bringen und 4–5 Minuten köcheln, bis sich die Flüssigkeit verdickt und leicht sirupartig wird. Beim Abkühlen dickt das Chutney noch weiter ein.

Das Tamarindenchutney erkalten lassen und servieren oder im Kühlschrank aufbewahren. Es hält sich dort gut für mehrere Wochen.

Ergibt 4 Portionen als Beilage zu Vorspeisen

2 ½ TL Tamarindenpaste
40–50 g Jaggery (unraffinierter Zucker), gehackt, oder Muscovado-Zucker (alternativ Rohrohrzucker oder Vollrohrzucker)
1 TL gerösteter gemahlener Kreuzkümmel (s. S. 92)
Salz und frisch gemahlener schwarzer Pfeffer

Minze-Knoblauch-Joghurt

Ich liebe dieses Rezept und esse den Joghurt immer wieder. Also hier ist es wieder!

Joghurt, Knoblauch und Minzeblätter miteinander verrühren. Mit Salz würzen und servieren.

Ergibt 4–5 Portionen

400 g griechischer Joghurt (Voll- oder Halbfettstufe)
1 Knoblauchzehe, zerrieben
10 große Minzeblätter, gehackt
Salz

SÜSSE
KLEINIGKEITEN

In Granatapfelsaft pochierter Rhabarber mit gewürzten Keksen

Ein einfaches, aber beeindruckendes Dessert, bei dem sich der Rhabarber von seiner besten Seite zeigt, wenn die rosafarbenen Stangen Saison haben. Granatäpfel und Mandarinen passen wirklich gut zu Rhabarber und die Gewürze verleihen diesem Dessert eine herrliche Wärme. Die schlichten Kekse sind knusprig, buttrig und so reichhaltig, dass Sie garantiert welche übrig behalten und sich noch tagelang daran freuen können, wenn das Dessert schon nur noch eine süße Erinnerung ist ... Außerdem können Sie die Kekse mehrere Tage im Voraus zubereiten.

Zuerst die Kekse zubereiten. Dafür den Backofen auf 180 °C vorheizen und ein Backblech mit Backpapier auslegen. Die Butter und den Zucker cremig rühren, sodass eine leichte lockere Masse entsteht. Gewürze und eine Prise Salz dazugeben, Mehl und Speisestärke hineinsieben. Vorsichtig vermischen, aber nicht zu stark bearbeiten. Aus dem Teig etwa walnussgroße Bällchen formen; es sollten 12–14 Stück werden. Alle zu etwa 0,75 cm dicken Keksen drücken und auf das Backblech legen, mit genügend Abstand, weil sie beim Backen aufgehen werden.

Die Kekse im heißen Ofen 22–24 Minuten backen, bis sie an den Rändern goldbraun werden. Herausnehmen und auf dem Backblech abkühlen lassen, dann mit einer Backpalette auf ein Backgitter legen. Dabei weiterhin vorsichtig vorgehen, weil die Kekse recht zerbrechlich sind. Sobald sie vollständig abgekühlt sind, die Kekse in einem luftdichten Behälter aufbewahren; dort halten sie sich bis zu 1 Woche.

Nun das Obst zubereiten. Granatapfel- und Mandarinensaft, Mandarinenschale, Zimtstange und Zucker in eine Pfanne geben und zum Kochen bringen. Zunächst 5 Minuten köcheln lassen, dann den Rhabarber hinzufügen und weitere 5–7 Minuten köcheln lassen, je nach Dicke der Fruchtstücke. Die äußeren Ränder im Laufe des Kochvorgangs werden langsam weich. Den Rhabarber mit einem Schaumlöffel herausnehmen und auf einem Teller beiseitestellen. Die Saftmischung weitere 4–5 Minuten reduzieren, bis sie eine leicht sirupartige Konsistenz entwickelt.

Zum Servieren den Rhabarber in einer Dessertschale anrichten, etwas von der Saftmischung darüberträufeln und mit Pistazien garnieren (falls verwendet). Einen Klecks dickflüssigen griechischen Joghurt oder Crème fraîche dazugeben und ein paar Kekse separat reichen.

Ergibt 4 Portionen

Für die gewürzten Kekse (12–14 Stück)
120 g Butter, zimmerwarm
80 g Rohrzucker oder brauner Zucker
½ TL gemahlener Kardamom
1 TL gemahlener Zimt
120 g Weizenmehl
60 g Speisestärke
Salz

Für das Obst
500 ml Granatapfelsaft
fein abgeriebene Schale und Saft von 2 unbehandelten Mandarinen oder Clementinen
20 g Cassia- oder Ceylon-Zimtstange
100 g Zucker
450 g junger rosa Rhabarber, in 7,5 cm große Stücke geschnitten
dickflüssiger griechischer Joghurt oder Crème fraîche zum Servieren
gehackte Pistazien zum Servieren (optional)

Glasierte Ananas mit gesalzenen Erdnüssen und Kokoseis

Ich mag Ananas am liebsten, wenn sie karamellisiert ist, und zusammen mit gesalzenen, gerösteten Erdnüssen sowie kaltem Kokoseis fühlt sich das für mich an wie das Paradies. Der Einfachheit halber können Sie die Ananas morgens karamellisieren und dann zum Servieren wieder aufwärmen. Um es noch einfacher zu gestalten, können Sie die Ananas auch in große Stücke schneiden statt in dünne Scheiben. Machen Sie sich auch keine Sorgen, wenn die Stücke nicht alle gleich groß sind. Dieses Dessert wird immer gut aussehen.

Die Ananas in drei Chargen karamellisieren. Jeweils 2 EL Zucker pro Charge in die Pfanne geben, auf mittlere Temperatur erhitzen und schmelzen lassen, bis ein wunderschönes goldenes Karamell entsteht. Nicht umrühren. Jetzt 4 EL kochendes Wasser hinzufügen, schwenken und dann, sobald die Mischung Bläschen wirft, ein Drittel der Ananasscheiben hineingeben. Vorsicht – sie können dabei leicht überlaufen. Die Ananasscheiben leicht garen, dabei getrennt halten, und sie im Sirup wenden, bis dieser reduziert und eindickt. Jeweils ein Drittel der Butter und der Erdnüsse dazugeben und einrühren. Wenn die Charge fertig ist, sollte das Karamell relativ dick sein und die Ananas auf beiden Seiten glasiert und goldbraun. Mit den anderen beiden Chargen der Ananas ebenso verfahren, vor dem Servieren alle zusammen noch einmal aufwärmen.

Die Ananas auf vorgewärmte Teller legen und dabei darauf achten, die Erdnüsse und das Karamell gleichmäßig zu verteilen. Auf jeden Teller eine kleine Kugel Eiscreme setzen und das Dessert warm servieren.

Ergibt 4 Portionen

½–⅔ große Ananas, geschält und so dünn wie möglich geschnitten (etwa 20 Scheiben)
6 EL Zucker
30 g Butter
45 g gesalzene geröstete Erdnüsse, grob gehackt
4 kleine Kugeln Kokoseis

So geht es besser: *Ananas vorbereiten*

Da Ananas so viele „Augen" haben, kann es schwierig sein, sie vorzubereiten. Schneiden Sie die gesamte Schale mit einem schweren Messer ab und bearbeiten Sie die Oberfläche dann mit einem kleineren, spitzen Messer, um die „Augen" mit einer meißelnden Bewegung herauszubekommen. Wenn Sie die Frucht in Scheiben schneiden, werden Sie feststellen, dass nicht alle Ananas gleich sind. Manche haben einen saftigen und zarten Kern, den man gerne isst. Manchmal ist er aber eher zäh wie eine Schuhsohle. In dem Fall sollten Sie den Kern besser ausschneiden und entsorgen.

Ingwer-Chai-Tiramisu

Ich persönlich trinke täglich Ingwer-Chai, weil er belebt, gleichzeitig aber auch beruhigt und entspannt. Für mich macht es also absolut Sinn, meinen Lieblingswachmacher mit dem italienischen Klassiker zu kombinieren – und den Kaffee einfach durch indischen Tee zu ersetzen. Der cremige und weiche Pudding begeistert mit seinem leichten Geschmack nach Kardamom und Tee und dem pikanten Ingwer. Ich schichte das Tiramisu gerne in Gläsern, weil das sehr hübsch aussieht.

Um den Chai zuzubereiten, die Milch mit 180 ml Wasser in einer Pfanne erhitzen, die Gewürze dazugeben und auf der niedrigst möglichen Stufe 6–8 Minuten köcheln lassen. Den Tee hinzufügen und weitere 3–4 Minuten kochen lassen, bis die Flüssigkeit eine satte Farbe angenommen hat. Abkühlen lassen.

Für die Mascarpone-Creme die Eigelbe mit 1 EL Zucker glatt rühren. Mascarpone und Ingwer dazugeben und wieder glatt rühren. Das Eiweiß separat mit dem restlichen Zucker zu einem steifen Eischnee schlagen und über die Mascarpone-Mischung löffeln, aber nicht unterrühren. Die Crème double in einer sauberen Schüssel aufschlagen, löffelweise über den Eischnee geben, den Likör (falls verwendet) dazugeben und alles vorsichtig vermischen.

Den Chai abseihen und in einen tiefen Teller füllen. Die Löffelbiskuits jeweils 1–2 Sekunden in die Flüssigkeit eintauchen und so in die Teegläser legen, dass sie den Boden ausfüllen. Mit einer großzügigen Schicht der Mascarpone-Creme bedecken. Den Vorgang wiederholen, dann alle Gläser abdecken und für mindestens 1 Stunde oder bis zu 1 Tag in den Kühlschrank stellen.

Direkt vor dem Servieren eine Schicht Schokolade darüberreiben.

Ergibt 4–5 Portionen

Für den Chai (Teeflüssigkeit)
240 ml Vollmilch
1 TL schwarze Pfefferkörner
¼ TL gemahlener Kardamom
5 cm Zimtstange
10 g Ingwer, gerieben
1½ TL loser schwarzer Tee oder
  4 Teebeutel

Für die Mascarpone-Creme
2 Eigelbe zzgl. 1 Eiweiß
2 EL Zucker
250 g Mascarpone
15 g Ingwer, gerieben
100 ml Crème double
1 EL Ingwerlikör oder dunkler
  Rum (optional)

Zum Fertigstellen der Tiramisu
100 g Löffelbiskuits
30 g hochwertige dunkle Schokolade (z. B. Chili-Schokolade)

Beeren-, Veilchen- und Sternanis-Dessert

Dies ist einer meiner Dessertfavoriten im Sommer. Inder aromatisieren ihre Desserts gerne mit Blütenessenzen. Seit ich Veilchensirup entdeckt habe, verwende ich ihn häufig. Sie können jedoch, wenn Sie Rosenaroma bevorzugen, stattdessen 1–2 TL Rosenessenz zusammen mit Puderzucker verwenden. Als Beeren nehme ich im Sommer gerne in Scheiben geschnittene Erdbeeren, Himbeeren und Blaubeeren, später im Jahr dann Brombeeren. Brombeeren und Veilchen sind eine fantastische Kombination von Aromen. Wenn Sie den Geschmack etwas frischer machen möchten, können Sie noch etwas griechischen Joghurt zur Creme hinzufügen.

Ein Drittel der Beeren mit Zitronensaft und Veilchensirup nach Geschmack vermischen. Sie müssen die Mengen an saurem Zitronensaft und süßem Sirup entsprechend der Säure der Beeren und der Stärke des Sirups anpassen. Wenn Sie Joghurt oder Sauerkirschen dazugeben möchten, denken Sie daran, dass die Mischung dadurch noch mal einen Tick saurer wird.

Schlagen Sie die Crème double so lange, dass sie gerade steif, aber immer noch weich genug ist, um sie mischen zu können. Rühren Sie dann den Sternanis ein und, falls verwendet, den Joghurt und die Sauerkirschen.

Vor dem Servieren die Baisers in eine große Schüssel geben, die ganzen Beeren und die gewürzte Sahne hinzufügen und alles vorsichtig vermischen. Mit dem aromatisierten Fruchtmus beträufeln und dieses nur leicht unterheben – das Ergebnis sollte nicht zu glatt sein. Auf einen Servierteller oder in einzelne Gläser geben, mit den Mandeln garnieren und servieren.

Ergibt 4–5 Portionen

450 g gemischte Beeren
2 TL frisch gepresster Zitronensaft, nach Geschmack
4–5 TL Veilchensirup (oder nach Geschmack)
350 g Crème double, gekühlt
1 großer Sternanis, gemahlen, oder 1 TL gemahlener Sternanis
2 EL griechischer Joghurt (optional)
2 EL getrocknete Sauerkirschen (optional)
80 g (3 mittelgroße) Baisers, in mittelgroße Stücke zerbrochen
Mandeln, leicht geröstet, zum Garnieren

Falsches Rasmalai

Rasmalai ist definitiv mein indisches Lieblingsdessert. In seiner authentischen Form bereitet man es aus saftigen Panirkugeln zu, die gekocht und in Zuckersirup eingeweicht und dann in eine duftende, milchige Flüssigkeit eingelegt werden. Ich habe zu Hause noch nie „richtige" Rasmalai angefertigt, weil das Zubereiten der Bällchen eine Kunst für sich ist ... und ich mir nie die Zeit genommen habe, das zu lernen. Als mir eine Twitter-Followerin, Mandeep Obhi, empfahl, die Bällchen einfach mit Ricotta zu machen, musste ich das einfach ausprobieren. Sie hatte recht. Das ist wirklich einfach und schmeckt echt lecker. Ich habe die Zubereitungszeit noch verkürzt, indem ich eine kleine Dose Kondensmilch verwende, aber wenn Sie lieber Vollmilch nehmen, geben Sie einfach 400 ml Milch zu den unten angegebenen Mengen dazu und reduzieren Sie die Menge an Milchflüssigkeit auf etwa 500 ml vor dem Kühlen.

Zuerst die Milchflüssigkeit zubereiten. Vollmilch und Kardamom in einer sehr großen Pfanne zum Kochen bringen und auf etwa die Hälfte der Menge reduzieren. Das dauert bei mittlerer Temperatur etwa 20 Minuten. Dabei die Milch etwa alle 2–3 Minuten umrühren und darauf achten, auch über den Boden der Pfanne zu schaben, damit die Milch nicht anbrennt. Falls an der Oberfläche eine Haut entsteht, diese wieder einrühren.

Zucker, Kondensmilch und Safran dazugeben und wieder zum Kochen bringen. Dann 2–3 Minuten weiterköcheln lassen, den Herd ausschalten und 40 g Ricotta einrühren. Abkühlen lassen, dann in den Kühlschrank stellen. Das können Sie schon alles am Tag vor dem Servieren erledigen.

Um die Ricottabällchen zuzubereiten, den Ofen auf 170 °C vorheizen. Die restlichen 360 g Ricotta mit dem Puderzucker vermischen und in zwölf kleine Muffinförmchen füllen. Die Bällchen etwa 20–40 Minuten backen – frischer Ricotta enthält weniger Wasser und wird schneller gar, haltbarer Ricotta braucht länger. Am Ende der Backzeit sollten die Bällchen sich zurückformen, wenn man sie leicht eindrückt, und sich leicht aus der Form lösen lassen. Aus dem Ofen nehmen und abkühlen lassen. Die Ricottabällchen in die gekühlte Milchflüssigkeit legen, abdecken und bis zu 2 Tage in den Kühlschrank stellen.

Zum Servieren die Ricottabällchen mit etwas von der Milchflüssigkeit übergießen und mit Pistazien bestreuen.

Ergibt 4 Portionen

Für die Milchflüssigkeit
1 l Vollmilch
½ TL gemahlener Kardamom (oder nach Geschmack)
2 EL Zucker (oder nach Geschmack)
150 ml Kondensmilch
1 großzügige Prise Safranfäden

Für die Ricottabällchen
400 g Ricotta
35 g Puderzucker
3 EL Pistazien, ganze kleine oder halbierte oder grob zerkleinerte große

Safranjoghurt mit Physalis

Das indische Dessert Shrikand ist eine wundervolle Kombination aus dickflüssigen, cremigen Joghurts mit moschusartigem Safran und aromatischem grünen Kardamom, ergänzt um die knusprige Konsistenz von Nüssen. Ich gebe Physalis zu der Mischung, weil sie dem Dessert eine herrlich fruchtige Frische verleihen. Joghurt kann unterschiedlich sauer sein, geben Sie also Puderzucker nach Geschmack dazu. Wenn Sie es etwas reichhaltiger mögen, können Sie noch 100 g halbsteif geschlagene Sahne unterheben. Ich mag es, wenn Desserts einfach aber trotzdem raffiniert sind. Deshalb garniere ich diese Nachspeise mit Physalis, die mit weißer Schokolade umhüllt sind, und streue etwas Knallzucker darüber, wenn sie fast trocken ist. Die Gäste erwarten das nicht und mir bereitet das eine kindliche Freude ...

Die Milch erhitzen, den Safran dazugeben und 10–15 Minuten ziehen lassen, dabei gelegentlich mit einem Löffel herunterdrücken. Die Farbe sollte hübsch dunkelocker werden.

Puderzucker und Kardamom in den Joghurt sieben, dann die Safranmilch und den größten Teil der Mandelblättchen dazugeben. Gründlich umrühren, dann abdecken und kühlen.

Vor dem Servieren die in Scheiben geschnittenen Physalis in die Joghurtmischung einrühren und diese in einzelne Glasschälchen verteilen. Die restlichen Mandelblättchen darüberstreuen und mit einigen ganzen Physalis – dafür die Schale zurückklappen, damit sie „fliegen" – garnieren.

Sie können dieses Dessert auch zu einem heiteren Aha-Erlebnis machen. Dazu die weiße Schokolade schmelzen. Am schnellsten geht das in der Mikrowelle in einem geeigneten Gefäß, das dauert nur etwa 50 Sekunden. Einmal umrühren, wenn sie noch nicht geschmolzen ist, weitere 15–20 Sekunden erhitzen. Die separaten Physalis (mit der zurückgeklappten Schale) in die Schokolade eintauchen und auf einen eingeölten Teller legen, im Idealfall mit der Schokoladenseite nach oben. Nach etwa 1 Stunde mit dem Knallzucker bestreuen. Den Joghurt mit den restlichen Mandelblättchen und den mit weißer Schokolade überzogenen Physalis mit dem Knallzucker servieren – und das Staunen auf den Gesichtern Ihrer Gäste genießen.

Ergibt 4 Portionen

1½ EL Milch
½ TL Safranfäden
6–7 EL Puderzucker (oder nach Geschmack)
¼ TL frisch gemahlener Kardamom (oder nach Geschmack)
600 g griechischer Joghurt
3 EL Mandelblättchen, leicht geröstet
200 g Physalis, halbiert oder geviertelt, zzgl. einige zum Garnieren
50 g weiße Schokolade (optional)
Pflanzenöl (optional)
1 Päckchen Knallzucker (Peta Zeta) (optional, siehe Rezepteinleitung)

Mein schneller Mandelkuchen

Zu den indischen Süßigkeiten, die meine Schwiegermutter bei jedem Besuch mitbringt, gehören Mandel-Katlis, die nur aus Zucker und Mandelpaste hergestellt werden. Diese ähneln Marzipan sehr, kommen aber ohne Eiweiß aus. Ich habe die Originalversion des Rezeptes vor über zehn Jahren in einer Zeitschrift entdeckt und an meine Bedürfnisse angepasst – inzwischen gehört es zu den Lieblingsdesserts in meiner Familie. Die Nachspeise begeistert mit dem Mandelgeschmack, den wir lieben, und das Beste ist, dass man sie im Idealfall ein bis zwei Tage vorher zubereitet ... Man kann sie also dann zubereiten, wenn man Zeit hat, und dann essen, wenn man viel zu tun hat. Dieses Dessert ist knusprig durch die Mandeln und gleichzeitig sehr saftig. Dazu passen entweder eine Tasse Tee oder Obst und Crème fraîche.

Den Backofen auf 180 °C vorheizen. Eine Springform von 20 cm Ø leicht buttern und den Boden mit Backpapier auslegen.

Das Marzipan in kleine Stückchen zerteilen und leicht mit dem Handrührgerät verquirlen, damit es weich wird. Die Butter und den Zucker dazugeben und zu einer cremigen Masse verrühren; wichtig ist, dass sich das Marzipan auflöst. Die Eier nacheinander hinzufügen und einrühren. Eventuell müssen Sie am Ende etwa 1 EL Mehl dazugeben, damit die Mischung nicht gerinnt. Den Vanilleextrakt einrühren.

Restliches Mehl, Backpulver, Salz und Mandeln unterheben. Den Teig in die Springform füllen und 50–60 Minuten im Ofen backen. Stecken Sie einen Zahnstocher in die Mitte, um festzustellen, ob der Kuchen fertig ist – es darf kein Teig mehr haften bleiben. Am Ende der Backzeit wird der Kuchen recht braun, also decken Sie ihn am besten mit Alufolie ab, wenn Sie ihn lieber nur goldbraun mögen.

Den Kuchen aus dem Ofen nehmen und 10–15 Minuten abkühlen lassen. Aus der Form nehmen und servieren oder in Alufolie einwickeln und 2 Tage in einem luftdichten Gefäß aufbewahren – er wird dadurch noch besser. Warm oder kalt servieren.

Ergibt 8–10 Portionen

200 g Butter, zimmerwarm, zzgl. etwas für die Backform
100 g Marzipan, zimmerwarm
120 g Zucker
3 große Eier
100 g Weizenmehl, gesiebt
1¼ TL Backpulver
½ TL Vanilleextrakt
200 g gemahlene Mandeln
Salz

Joghurt-Dessert mit gerösteten Pflaumen mit Sternanis

Joghurt gehört in Nordindien zu den beliebtesten Zutaten. Dank seiner Cremigkeit und seiner leichten Säure eignet er sich ideal, um den Gaumen nach einer Mahlzeit zu reinigen. Ich habe den Joghurt nur leicht aromatisiert, weil die Pflaumen schon einen süßen, fruchtigen und würzigen Kontrast bieten.

Die Gelatineblätter in kaltem Wasser einweichen.

Crème double, Zucker und Orangenschale in einer Pfanne erhitzen, bis sich der Zucker aufgelöst hat. Den Herd ausschalten und die Gelatine einrühren. Sobald sie sich aufgelöst hat, auch den Joghurt und das Orangenblütenwasser einrühren.

Auf sechs Keramik- oder Glasschälchen oder Gläser mit einem Fassungsvermögen von 150–200 ml verteilen (kein Einfetten erforderlich). Mit Frischhaltefolie abdecken und für mindestens 4 Stunden bis 2 Tage in den Kühlschrank stellen.

Für die Pflaumen den Ofen auf 200 °C vorheizen. Alle Pflaumen in eine ofenfeste Schale geben, sodass sie eng beieinanderliegen. Den Orangensaft darübergießen, die Sternanise zwischen die Pflaumen stecken und den Zucker darüberstreuen. Im Ofen 30 Minuten backen, bis die Pflaumen weich sind. Wie lange es genau dauert, hängt davon ab, wie reif die Pflaumen sind. Die Pflaumen in der Sauce etwas abkühlen lassen, dabei mit der Schnittfläche nach unten legen, damit sie das Aroma und die Farbe der Sauce annehmen.

Den Joghurt entweder in den Gefäßen servieren, in denen sie gekühlt wurden, oder stürzen. Zum Stürzen den Boden eines Gefäßes einige Sekunden in kochendes Wasser tauchen, dann das Gefäß kopfüber auf einen Servierteller stellen. Ebenso mit den anderen Gefäßen verfahren.

Mit den Pflaumen servieren – diese eventuell noch in Spalten schneiden – und die gewürzte Flüssigkeit über die Früchte löffeln.

Ergibt 6 Portionen

Für das Joghurt-Dessert
4 ½ Blätter Gelatine
320 ml Crème double
120 g Zucker
abgeriebene Schale von
 1 Orange (den Saft für die
 Pflaumen verwenden)
400 g Naturjoghurt (3,5 %)
1 ½ TL Orangenblütenwasser

Für die Pflaumen mit Sternanis
6 Pflaumen, halbiert und
 entsteint
180 ml frisch gepresster Orangensaft (von 2–3 Orangen)
6 Sternanise
4 EL Zucker (oder nach
 Geschmack)

Indischer Brioche-Pudding mit Mangos

In Indien gibt es einen beliebten Pudding namens Shahi Tukra, der zu besonderen Anlässen serviert wird. Um dieses gehaltvolle Dessert zuzubereiten, braucht man mehrere Stunden – das hier ist meine einfachere Version. Hier verwende ich Mangos, aber Sie können jedes beliebige reife, weiche Obst nehmen, das gerade Saison hat. Sie können das Brot gut vorab rösten und karamellisieren – und sogar schon die Eisportionen einteilen und dann wieder ins Gefrierfach stellen – dann müssen Sie den Pudding abends nur noch zusammensetzen.

Den Brioche-Laib in zwölf Scheiben schneiden. Ich schneide die Scheiben gerne in Kreise, dafür verwende ich meine größte Ausstechform, die knapp 10 cm Ø hat – das hat aber nur eine rein ästhetische Bewandtnis. Sie können die Scheiben auch ganz lassen, wenn Sie das bevorzugen. Vier Brioche-Scheiben mit einem Wellenschliffmesser vorsichtig waagerecht halbieren, sodass Sie acht dünne Scheiben erhalten.

Alle 16 Brioche-Scheiben in einem Toaster oder einer großen Pfanne rösten, bis sie auf beiden Seiten goldbraun und knusprig sind. Bei der Zubereitung in der Pfanne die Scheiben mit einem Pfannenwender oder einem breiten Teigschaber herunterdrücken. Beiseitestellen.

Den Zucker in die Pfanne geben und auf dem Herd bei niedriger Temperatur langsam schmelzen und karamellisieren lassen; nicht umrühren. Dann den Herd auf die niedrigste Stufe stellen, die zur Verfügung steht. Eine dünne Brioche-Scheibe vorsichtig, aber schnell, mit einer Seite in das Karamell eintauchen, sodass sie dünn bedeckt wird (ich verwende dafür Gabeln oder eine Zange). Die Brioche-Scheibe mit der karamellisierten Seite nach oben auf ein Backblech legen. Den Vorgang mit den anderen dünnen Scheiben wiederholen, dabei den Herd ausschalten, falls das Karamell zu dunkel wird.

Etwa 15 Minuten vor dem Servieren acht Kugeln Eiscreme in eine große Schüssel geben. Die Crème fraîche und den Kardamom hinzufügen. Warten, bis die Eiscreme an den Rändern schmilzt und den geschmolzenen Teil der Eiscreme vorsichtig mit der Crème fraîche und dem Kardamom vermischen.

Auf acht Servierteller je eine dicke Brioche-Scheibe legen und darüber jeweils ein Achtel der Eiscrememischung geben, zusammen mit eventuell übriggebliebener Crème fraîche. Die Mangoscheiben darüber verteilen und mit den Mandelblättchen oder Pistazien bestreuen. Jeweils mit einer der dünnen, karamellisierten Brioche-Scheiben halb bedecken. Das Dessert noch einige Minuten stehen lassen, damit die Eiscreme in die dicke Brioche-Scheibe einsinken kann, dann servieren.

Für 8 Portionen

1 Brioche-Laib
100 g Zucker
320 g Sahneeis oder andere Eiscreme ohne zusätzliches Aroma
8 EL Crème fraîche (oder Crème Légère mit 20 % Fettgehalt)
1 großzügige Prise gemahlener Kardamom
4 reife, süße Mangos, geschält und in Scheiben geschnitten
Mandelblättchen, geröstet (oder Pistazien) zum Servieren

Kokos-Soufflé

Soufflés machen vielen Leuten Angst, sind aber gar nicht so schwierig zuzubereiten. Sie gehören zu den beeindruckendsten Desserts, die Sie zubereiten können. Diese Soufflés eignen sich hervorragend als Abschluss für jedes Gericht – besonders raffiniert wirken sie, wenn man sie, wie hier, mit einem cremigen, leicht bitteren Kaffeeeis kombiniert. Zusammen sind diese Aromen die Essenz Südindiens. Alternativ können Sie zu diesen Soufflés auch Schokoladen- oder Fruchteis servieren oder sie ganz ohne Beilage auf den Tisch bringen.

Ergibt 6 Portionen

375 ml sahnige Kokosmilch
3 TL gesalzene Butter zzgl. etwas für die Keramik- bzw. Glasschälchen
70 g Kokosraspel zzgl. 25 g für die Keramik- bzw. Glasschälchen
60 g Zucker
5 gestrichene TL Speisestärke
3 große Eiweiß
Kaffeeeis zum Servieren
etwas gemahlener Zimt zum Servieren

Den Backofen auf 190 °C vorheizen.

Kokosmilch, Butter, 70 g Kokosraspel und 30 g Zucker in eine Pfanne geben. Bei mittlerer Temperatur zum Kochen bringen und einige Minuten lang umrühren.

Die Speisestärke mit 2 EL kaltem Wasser glatt rühren. Diese Mischung in die Pfanne geben und unter Rühren wieder zum Kochen bringen. Die Temperatur herunterstellen und 5–7 Minuten köcheln lassen, bis die Kokosmischung dickflüssig wird. Abkühlen lassen.

Die Eiweiße in einem Mixer halbsteif schlagen. Die restlichen 30 g Zucker hinzufügen und so lange weiterschlagen, bis die Eiweißmasse fest und glänzend wird.

In einer kleinen Pfanne 25 g Kokosraspel ohne Fett goldbraun rösten, dabei darauf achten, dass sie nicht ansetzen und anbrennen. Sechs Keramik- oder Glasschälchen mit einem Fassungsvermögen von 150 ml einfetten und die gerösteten Kokosraspel so hineingeben, dass die Innenseiten aller Gefäße bedeckt sind. Die überschüssigen Kokosraspel abklopfen.

Ein Viertel vom Eiweiß in die abgekühlte Kokosmischung rühren. Dann die Kokosmischung zu den restlichen Eiweißen geben und alles sehr vorsichtig mit einem großen Metalllöffel unterheben.

Die Mischung in die vorbereiteten Keramik- bzw. Glasschälchen geben und die Oberfläche mit einer Backpalette glätten. In jedes Soufflé mit dem Daumen eine kleine Vertiefung drücken und die Schälchen schnell in den heißen Ofen schieben. Dabei die Tür schnell, aber sanft schließen.

Die Soufflés 16–18 Minuten backen, bis sie aufgegangen und oben goldbraun sind. Sie gehen meistens schon schneller auf, benötigen aber einige Minuten mehr, um durchzugaren. Bitte die Ofentür nicht vorher öffnen, denn dann fallen die Soufflés eventuell zusammen.

Nach dem Ende der Backzeit die Soufflés aus dem Ofen nehmen, auf Teller stellen, eine kleine Kugel Kaffeeeis in die Vertiefung geben, mit etwas Zimt bestäuben und sofort servieren.

Register

DANKSAGUNGEN

Ich habe oft das Gefühl, dass die Rolle der arbeitenden Mutter eine der schwierigsten ist, die man haben kann. Manchmal kämpfe ich damit, immer 100 Prozent bei allem zu geben. Aber das Team, das mir bei der Zusammenstellung dieses Buches geholfen hat – zu dem viele Menschen gehören, die selbst Kinder haben – hat es mir sehr erleichtert und auch dafür gesorgt, dass es einfach aussieht.

Danke für die Vermittlung dieses Buches, Anne, das ich so gern geschrieben habe, und dafür, dass du immer an mich geglaubt hast. Vielen Dank auch an das Team von Quadrille – ihr habt mich bei diesem ebenso wie bei meinen vorigen Büchern kontinuierlich unterstützt. Das weiß ich wirklich zu schätzen und kann es gar nicht oft genug erwähnen.

Danke an Heather und Claire, wie immer, ihr wart großartig: Ihr habt den Finger in meine wunden Punkte gelegt und mich ggf. in die richtige Richtung gelenkt.

Danke, Sam, für all deine Hilfe als erster Tester in der Küche. Ohne dich wäre dieses Buch nie so fantastisch geworden.

Lucy B., danke für dein Lektorat, dank dem sich dieses Buch so viel besser liest, als es ohne dich täte. Danke an Lucy G.: Dank dir sieht das Buch so wunderschön aus. Danke, dass du dir all meine verrückten Gestaltungsideen angehört hast und sogar ein paar davon aufgenommen hast. Lisa, ich bin froh, dass du immer sagst, man solle nie aufgeben – denn so sieht das ganze Essen noch viel besser aus. Tabitha, mit dir darin ist die Verlagswelt eine schönere, danke. Joss, du bist ein Star. Du kochst ohne Pausen und sorgst dafür, dass jedes Gericht beim Shooting so lecker aussieht, wie es schmeckt.

Vielen Dank an meine ganze Familie, die so viel Verständnis hat, wenn ich die Sachen vergesse, um die ich mich eigentlich kümmern sollte, und dafür, dass sie mir nie das Gefühl hat, in einsamen Winterschlaf fallen zu müssen. Und meine kleinen Affen und Flöhe: Euch liebe ich ohnehin mehr, als Ihr jemals wissen werdet. Ohne euch wäre mein Leben so viel leerer und langweiliger.